花言葉で編む

フラワーアレンジメント

気持ちを伝える花々を贈る 50 のアイデア

長井睦美 監修

メイツ出版

花言葉による
フラワーアレンジメントの時代に

離れて暮らす家族や友人と、好きなレストランでの食事は何よりの楽しみでした。当たり前にしていたこうしたことに突然ストップがかかる。そんな稀有な経験をして、改めて気づいたことがあります。

花を贈ることが「絆」を保つことにいかに貢献していたかということです。そしてもっと相手への「想い」を花により伝えることができたら、と考えました。そう、「花言葉」です。でも、身近にあった花言葉を、意識してアレンジしたことがあっだだろうかと振り返ると、答えはNOでした。もし、花言葉で想いを代弁できたら、花を贈ることがもっと楽しくなるだろう。ほとんど知らなかった花言葉を調べることにしました。

花言葉の起源は？　どのようにつけられる？

「花言葉」が生まれたのは、17世紀のオスマン帝国時代（現在のトルコ）で、そのころのトルコでは恋人への贈り物は文字や言葉ではなく、花に想いを託して贈る風習があり、これが花言葉の起源といわれます。19世紀になるとフランスで花言葉の本が出版され、上流階級で花言葉ブームになります。さすがフランスですね。日本には明治時代に伝えられました。

花言葉で広く知られているのはバラの「愛・美」でしょうが、花言葉はどのようにしてつけられたのでしょうか。ひとつのことからではなく、花の姿、色、香り、ギリシャ神話や伝説など、植物にまつわる様々な情報からつけられたようです。それは国や時代によっても多少異なり、これが正しいという正解はないようです。

物語からフラワーアレンジメントが始まる

花を選ぶときは、季節感や相手の方の花の好みなどを考慮して花を選んでいますが、花言葉により花を選ぶ場合、大きく異なるのは「物語」が中心になるということです。

　物語をつくるメンタルな作業が新たに加わります。例えば「会社の先輩の誕生日プレゼント」に日頃の感謝へのお礼を花に託します。魅力的で仕事ができ、私を何かと助けてくれる先輩像をもとに、花言葉を決め、花を選びます。もちろん、季節感や先輩の好みも考慮しますから、ちょっと大変ですね。

　花言葉によるアレンジは、贈る相手のことをより考えるということでもあります。花言葉を考えての花選びには四苦八苦しますが、緊張感も加わり、アレンジの楽しさがアップするということを実感してわかりました。

相手のことをより想い、想いを伝える花言葉によるアレンジメントは、人間関係が希薄になりがちな現代、絆の大切さがより叫ばれる、そんな今の時代に相応しいフラワーアレンジメントといえるのかもしれません。

長井睦美

CONTENTS

花言葉で編む
フラワーアレンジメント
気持ちを伝える花々を贈る50のアイデア

花図鑑

花図鑑・葉物図鑑

プロに近づく アレンジ上達の 基礎テクニック

本書は美しいアレンジをするだけでなく
花言葉にのっとって花を選ぶという
もう一つの課題をクリアしなければなりません。
花言葉による花の選び方からアレンジの仕方までの
知っておきたい基本的なことをお話ししましょう。

Part 1

知っておきたい
花言葉の選び方

贈る目的にそって花言葉を選ぶ場合に
気をつけたいこと、また上手に花言葉を
選ぶポイントをお話しします。

“心を伝える” 選び方

Point 1　気持ちを表現する 中心になる花を決める

本書では花を贈る目的（主題）を5つのジャンルに分けて、それに相応しいアレンジを紹介しています。「感謝・お祝い・エール・LOVE・その他」の5つです。その他には「偲ぶ」と「お詫び」が含まれます。

花を購入する前に決めなくてはいけないことが2点あります。
❶主題に合う花言葉をもつ花
❷どんなアレンジにするか

❶については、主題の種類を考慮して花をチョイスしましょう。例えば「お祝い」ならどういうお祝いなのか。誕生日、結婚、就職、出産、長寿…など、具体的に考えて相応しい花を選びます。

❷については、どのようなスタイルで贈るか、飾るかを決めます。ブーケ、ボックス、カゴ、花器などです。もちろんどんなアレンジにするかも考えましょう。

「信じ合う心・変わらぬ心」の花言葉で愛を伝える結婚記念日花

新築の家に飾ってほしいのでボックスにアレンジ。

Point 2　物語性をもたせる 花言葉の選び方

花言葉をメインに花を選ぶとき、方法は2つあります。
❶使用するすべての花が主題の花言葉をもつ
❷主題の花言葉以外の花言葉をもつ花を添える

❶の場合はアレンジや花の開花時期を考えるとなかなか難しく、また、ストーリーが単調になりやすいのですが、ストレートに伝えられる利点はあります。

❷の場合、主題の花言葉以外は「贈る相手を表現」と「贈る側の想いを表現」の2パターンがあります。前者は贈る相手が「魅力的な人」ならそれを花言葉で、後者は「尊敬している」ならそれを花言葉で表現するわけです。贈る相手と贈る側の想いが花言葉でわかり、アレンジにストーリーが生まれます。花言葉で花を贈る神髄といえるでしょう。

ピアノの発表会のお祝い花。「物静か・辛抱強い」は贈る相手を表現。

ヒマワリもキノブランも花言葉は「愛」。愛を一途に伝える。

"色" や "数" に気をつけて

Point 3 ネガティブな花言葉には注意を

ダリアは、「優雅・気品」といった華やかさに相応しい花言葉ですが、一方で「移り気・裏切り」といったネガティブな花言葉ももちます。アネモネは「別れの予感・はかない恋」と悲しい花言葉ですが、色別ですと赤は「君を愛す」、白は「希望」とポジティブです。人気のアジサイも「移り気・傲慢」といった花言葉ですが、「辛抱強い愛情・家族団らん」というポジティブな花言葉もあるので、本書でも秋色紫陽花を使用しました。ただ、メインには使わず、スパイスとして使いました。

花言葉には英語版もあります。日本語と多少異なるようですので、チェックするといいですね。

ちらっと見える
秋色紫陽花を
「家族団らん」の
花言葉でチョイス。

Point 4 黄色の花は要注意。ネガティブが多い

イエローやオレンジ系は元気になる色だと歓迎されますが、意外や意外、この色の花にはネガティブな花言葉が多い。例えば黄色のチューリップは「望みのない愛」、バラは「不定・嫉妬」、カーネーションは「軽蔑」。ただ、「友情」という花言葉もあるので、贈るならカードに明記したいですね。

また、白は清らかなイメージの花言葉が多い中で、白のチューリップは「失恋」、カーネーションは「愛の拒絶」と、ネガティブな花言葉ですので注意を。

花言葉を調べるときは、色別もチェックをするようにしましょう。

元気を出してもらいたい
アレンジで、
「嫉妬・軽蔑」の花言葉をもつ
黄色のスプレーカーネーションを
使ってしまった。

Point 5 本数にも花言葉が。上手に使いたい

それぞれの花が花言葉をもちますが、本数によって異なる花言葉があるのをご存じですか。

愛を伝える最強の花といわれるバラにはバラのみの本数による花言葉があります。1本は「一目惚れ」、2本は「この世界は二人だけ」、そして999本は「何度生まれ変わってもあなたに恋します」です（詳しくはp111参照）。

バラ以外のどの花にも共通する本数による花言葉もあり、バラのそれとよく似ています（p75参照）。想いを強く伝えたい場合には、花にプラス本数の花言葉の力も借りるといいですね。

アレンジを豊かにする

Point 6
葉物にも素敵な花言葉がある

　花言葉は花だけではありません。アレンジに欠かすことができない葉物にも花言葉はあります。

　例えば印象深い形のモンステラは「輝く未来」、ドラセナは「幸福」という素晴らしい花言葉。アレンジに動きをつけるベアグラスは「物静か」、ユーカリは「思い出」。別名猫じゃらしのエノコログサの「遊び・愛嬌」は、猫が戯れる姿からつけられたのでしょうか。

　また、ハーブ類にも花言葉が。例えばパセリは「勝利」、ローズマリーは「記憶力がよくなる」などで、ハーブの香りもアレンジに生かしたいですね。

受験を控えた息子に。
「勝利や記憶力」の
花言葉をもつ
パセリやローズマリーを使った
アレンジでエールを贈る。

Point 7
トレンドの多肉植物にも花言葉が

　砂漠や海岸のような乾燥地に生育する、サボテンに代表される多肉植物。一方エアプランツは空気中の水分を吸って育つ、土のいらない着生植物です。どちらもここ数年で人気者になりましたが、どちらにも花言葉があり、花と一緒に使うと、インパクトのあるアレンジになります。

　また、ガラスの器にエアプランツや多肉植物だけでアレンジするテラリウムもおすすめです。物語がつくりやすく、想いが伝わりやすいメリットがあります。フィギュアを使えば楽しい贈りものになりますね。

Point 8　花器にも贈り手の想いを込める

　贈り手の想いを花言葉に託して贈りますが、花をアレンジする器も考慮しましょう。主にブーケ、ボックス、カゴ、そして花器がありますが、それだけではありません。例えば本書で紹介した猫の器。猫好きの方への贈りものです。結婚30周年のプレゼントには、スワンを模った器にアレンジ。いつまでも仲良くというメッセージを器に代弁させました。また、置いてほしい場所まで考えたアレンジを心がけたいですね。

　米寿のお祝いのアレンジには、金平糖を添えて。お悔やみの花には花ロウソクを添えました。相応しい物を添えることで、より想いが伝わることもあります。ただ、注意したいことは、主役はあくまで花であるということです。

猫好きの人に。
猫じゃらしの別名をもつ
エノコログサの花言葉は「愛嬌」。
猫の世界をアレンジ。

Part2

磨きたい
アレンジのテクニック

一番よい状態で花を贈る場合のポイントや
ボックスやブーケなど様々な贈り方の
それぞれのテクニックを紹介します。

役立つ共通知識

どんな花器にでも役立つアレンジメントの共通のテクニックです。

準 備 編　花を長持ちさせ、素敵なアレンジをするためには準備が大切です。

Technique 1　花をイキイキ保つ

主役の花がイキイキしていなければ、どんなに素敵な花言葉も色あせてしまいます。アレンジ前には必ず水切りをしましょう。贈る相手が受け取ったときに、花が輝いているためのひと手間です。

◆**水切りの仕方**

水の中で茎を斜めにカット。水を吸収する面積を増やし、水をたっぷり吸わせるためです。茎の堅い枝ものの水切りはできません。

◆**水揚げをする**

弱ってしまった花には水揚げをしましょう。茎先を10cmほど残し、新聞紙でくるみます。水をはった深い容器に直立に入れて、1時間ぐらいおきます。新聞紙にくるむのは、葉や枝から水分の蒸発を防ぐためです。浅い器に花を寝かせて浸けるのは、効果的な方法ではありません。

◆**ハーブの場合**

水が下がりやすいものが多いので、深水に浸けてしっかりと吸水してからアレンジを。こまめに切り戻しをして水も替えましょう。

水中で茎を斜めにカット。

新聞紙に包んで水中に立てる。

Technique 2　アレンジ前のひと手間が肝心

葉は取りすぎぐらいにカット。

色味のないつぼみもカット。

花屋さんから買ってきたらまず、葉や枝の整理をしましょう。花をイキイキと見せ、また長持ちさせるためにも必要な作業です。その際大切なことは、どんなアレンジにするかを決め、花を眺めてからスタートすること。やみくもなカットは後悔につながります。

◆**枝の整理**

1本からたくさんの枝が出ているスプレーバラや小菊、トルコキョウなどは枝の整理が肝心。できるだけ茎を長く残して切りましょう。また、交差している枝はどちらか一方をカット。カットした後は枝が残らないように始末をすることを忘れずに。

◆**葉の整理**

葉が多いと花がかすみ重く感じます。また、葉は花より傷みやすいので、アレンジ前に整理を。特に重なっている葉はどちらかをカットしましょう。

バラなどにあるトゲやユリなどの花粉もアレンジ前に取っておきましょう。

Technique 1　グルーピングする

花数が多いときに、同じ種類の花や同じ色の花を束にして活けることをグルーピングといいます。花の色が統一されているときは、花の種類で。グリーンをグルーピングする場合もあります。グルーピングするメリットを挙げてみましょう。

❶花数が多くても、グルーピングすることで整理されるので、アレンジがしやすくなります。

❷強調したい花を目立たせるテクニックのひとつでもありますが、目立つだけに花や葉の整理をきちんとし、きれいに仕上げることが肝心です。

❸花数が多いアレンジは雑然としがちです。花の種類や色でグルーピングをすると、洗練されたイメージのアレンジになります。

花の種類と色でグルーピング。

Technique 2　花の自然な姿を大切に

◆花の顔を知る

花の顔にも「前・横・後」があります。一般的には前顔は華やかで後ろ姿はさびしげです。花の表情を知り、それをアレンジに生かすことが、思い通りのアレンジをすることにつながります。

◆自然な姿を生かす

チューリップやガーベラ、コスモスなど花の向きが定まらない花は、アレンジに四苦八苦しますね。まず、自然な姿を生かすアレンジを考え、無理ならワイヤーなどでイメージにそう形にします。

◆つぼみを生かす

満開の花ばかりでは単調なアレンジに。7分や5分咲き、つぼみを加えることで物語も生まれます。

コスモスや雲竜柳の自然な姿を生かし、花器もナチュラルなカゴに。

持ち帰りが便利な持ち手のついた紙袋にアレンジ。

Technique 3　花器もアレンジの仲間

花を何に活けるかはアレンジの重要なポイントです。それにより選ぶ花もイメージも活けるテクニックも変わってきます。

❶まず、花器、ブーケ、ボックス、カゴなど何にアレンジするかを決めましょう。決める際には、贈られる相手のことも考えて。

p11でもふれましたが、贈るテーマによっては、カップや置物などを花器として使用する場合もあります。

❷種類を決めたら、さらにつめましょう。花器なら、その素材や形を、ボックスなら形や大きさ、色を…。贈る目的や相手の色の好み、花の色なども考慮して選びましょう。

グリーン編　グリーンでアレンジにアクセントをつけます。

Technique 1　巻く

2つの方法を紹介しましょう。
❶茎を斜めにカットして丸め、茎を葉の先端部分にさす。
❷葉を折ってホチキスで留める。ホチキスは葉の繊維と平行に留めると葉が裂けるので留める向きに気をつけて。
適する葉／ハラン・ドラセナ・タニワタリ・ニューサイラン

葉と茎をホチキスで留める。

Technique 2　カールする

細い葉に向くテクニックで、2つのやり方を紹介します。
❶先端を丸めて、葉の先を丸の中に入れて留める。
❷指や丸いものにくるくると巻く。抜くと軽いウェーブができている。
適する葉／ミスカンサス・ベアグラス

ボールペンに巻きつけて。

Technique 3　ためる

葉に流れをつけるテクニックです。流れをつける部分を指の腹で挟んで、ゆっくりと力を入れて癖をつけます。細い葉でも大きな葉でも、いきなり力を入れすぎると折れてしまうので注意をしてください。
適する葉／タニワタリ・クッカバラ・ドラセナ

指に力を入れてしごく。

Technique 4　編む

髪を編むように、三つ編み、四つ編みをつくります。
❶数本を束ねて、先端をまとめて編む。
❷太い葉の場合は割いて、片方を束ねて編み始める。
適する葉／ニューサイラン・ミスカンサス・ベアグラス・スチールグラス

三つ編みと四つ編み。

Technique 5　使い分ける

葉には表と裏があり、色や質感が異なる葉では、使い分けるとアレンジのアクセントになります。デザインによっては裏面ばかりを使う場合もあります。
葉の半面や下部をカットして使うこともあります。
適する葉／モンステラ・アンスリウム・エメラルドウェーブ

表と裏の違いを生かす。

Technique 6　ワイヤーや茎を使用

茎の太さより細いワイヤーを茎に通して、茎を曲げたりして形をつくります。細い茎はワイヤーが茎から飛び出しやすいので、慎重に通すように。
下の写真のように数枚の葉に細い枝を通すテクニックも。これはアレンジのためにも使え、かつ花留にもなります。

花留にもなる。

Technique 1 フローラルフォームの正しい使い方

　フローラルフォームは、デザインやアレンジに合わせてセットの仕方を変えましょう。セットの仕方には3つのバリエーションがあります。

❶花器より高くセット／横広がりのアレンジや花を垂らして個性的なアレンジをするときに適しています。フローラルフォームの高さはアレンジによって決めます。

　フローラルフォームを面取りすることのメリットは、多くの枝がさしやすくなり、水が花に均等にいきわたり、水やりもしやすくなります。

❷花器と同じ高さにセット／フローラルフォームが固定され、背の高い枝や太い枝もさしやすくなります。また、器の口にたくさんの枝を入れても崩れにくいので、持ち運びするアレンジにも適しています。

❸花器より低くセット／茎の短いものを低くアレンジしたり、足元を見せた少ない枝のスタイリッシュなアレンジ、枝の動きを見せるアレンジに効果的。フラワーボックスの場合も器と花の高さに合わせて低くフローラルフォームをセットします。

1 花器より高くセット。面を斜めにカットすることも。2 花器に高さを合わせてセット。3 花器より低くセットする場合でも面取りをすることもある。

Technique 2 フラワーアシストを使う

　アレンジをするときに花を支えたり、留めたりする役割がフラワーアシストです。広がりや高さ、動きなど、花やグリーンだけではできないデザインをつくるサポートをしたり、アシストそのものがデザインの一部になる場合もあります。

　例えば茎の細い花や大きくて重い花を扱いやすくする。あるいは、ラウンドアレンジなどの形づくりがこれを使うことで簡単になるなどです。

　アシストは市販のものもありますが、自分で花材の一部（枝や葉物）を使ってつくることもできます。ワイヤーやカラフルなガラス玉などを使うだけで、あるいはガラス花器にハランなどの葉を巻いて入れてそこへ花をさす。これもフラワーアシストになります。

1 ブーケアシスト。パールが豪華。2 ラウンドブーケが上手くできる。3 茎が細い・長いときに花が安定する。螺旋の枝は見えてOK。4 花器上に置きばらつきやすい花に最適。

ワイヤリング編 茎が短かったりするときに便利なワイヤリングテクニックです。

どのワイヤリングも、花に水分を吸収させてから作業を。水を含んだコットンやティッシュ（専用のステムティッシュもある）を短冊状にし、花とワイヤーの接合部に巻きつけます。少ない水分で鮮度を維持するので、ときどき花全体にスプレーで水分補給をしましょう。

Technique 1 ピアスメソッド

バラやカーネーションなど小さいサイズの花に適した技法。

1 ワイヤーの先を斜めにカットし、茎の花首のぎりぎりのところにワイヤーを通す。

2 ワイヤーを二つ折りにする。 3 水を含んだティッシュで茎元を巻き、その上からフローラルテープを巻く。

Technique 2 クロスメソッド

ピアスメソッドでは支えきれないような大きめの花に適しています。

1 1本目のワイヤーを花首に通す。2本目のワイヤーを1のワイヤーにクロスさせ、1より1mm上か下にずらしてさす。 2 ワイヤーを二つ折りに。 3 水を含んだティッシュで茎元を巻き、その上からフローラルテープを巻く。

Technique 3 ヘアピンメソッド

幅の広い葉に適した技法で、葉を曲げることができます。

1 葉を中表に半分に折り目をつけないよう軽く折り、下から3分の1のところに葉脈をはさんでさす。

2 ワイヤーをU字に曲げる。 3 1本のワイヤーでもう一本のワイヤーと茎を一緒に巻きつける。

見せるワイヤリング

ワイヤーをデザインとして使う場合は、ゴールドやシルバーなどの色がついたワイヤーを使ったり、柔らかいアルミワイヤーで螺旋やハートマーク、文字などを形づくったりします。ワイヤーにリボンを巻くテクニックもあります。

磨きたいアレンジのテクニック

Flower Box フラワーボックス

フラワーボックスは、少ない花材で喜んでもらえると
人気の高いアレンジメントです。

Technique 1 花を長持ちさせるテクニック

フラワーボックスの花は、茎を短くカットしてアレンジするので、水切りの方法が茎の長い花とは異なります。前もって使用する長さにカットした短い茎を水に浮かべて水揚げし、花をイキイキと長持ちさせます。また、花の茎は斜めにカットすると、水揚げも効果的

ですし、フローラルフォームにもさしやすくなります。

ボックスにアレンジされた花を長持ちさせるコツは水やり。花に水がかからないように、隙間から少しずつ注ぎましょう。水があふれるとボックスが影響を受けるので気をつけてください。

短い茎はある程度深さのある器に水をはって水揚げを。

Technique 2 アレンジするときの注意点

小さな花と大きな花を組み合わせるとバランスのとれたアレンジになり、茎がしっかりしている花のほうがこのアレンジには適しています。また、花の隙間を埋めていくグリーンや実物も、アレンジをイメージするときに忘れずに。

隙間からフローラルフォームが見えないようにモスやコケを敷いたり、また、フローラルフォームが見えてもよいように、花に合った色のフローラルフォームを使用してアレンジととらえる方法もあります。

フローラルフォームをセットする前に、水がもれないようにボックスにセロファンを敷きましょう。底面から側面もカバーするようにします。

セロファンで中面を
覆ってから
フローラルフォームをセット。

丸いボックスには、
上から見たとき
丸くなるようにアレンジを。

Technique 3 さし方のコツ

フラワーボックスの場合は、花を垂直にさしていきますから、花の一番きれいな部分が、ボックスを開けたときに目に飛び込んでくるという素敵なサプライズがあります。花が窮屈に見えないように、また反対に隙間をつくらないというのがポイントです。

ボックスという平面にアレンジするので、花に高低差をつけたほうが立体的に見えます。ただし、どんなアレンジにするかにもよりますから、必要なテクニックではありません。

上から見ますから、ボックスが丸い形ならアレンジも丸く、四角いボックスなら四角に収まっているとすっきりとスマートに見え、これは大事なポイントです。

Technique 4

アレンジの仕方は
2通り

フラワーボックスのアレンジの仕方は、大別すると2通りあります。ひとつは規則性がなくランダムなアレンジ、もうひとつは規則的に花を配置するアレンジです。前者のアレンジはナチュラル感が印象的になり、後者はセンスが感じられるアレンジになります。

どちらのアレンジでもグルーピング・テクニックを活用すると、アレンジがしやすくなります。特に色のグルーピングが効果的です。また、ボックスですと面積が限られるので、グルーピングの花を選ぶときは花の大きさも考慮しましょう。

花の色と姿で
グルーピング

アクリル製の蓋なので、
アレンジに相応しい
リボンを飾ることもできる。

Technique 5

ボックスの
選び方

フラワーボックスが人気になり、その影響か、ボックスの材質もデザインもいろいろありますから選ぶのに迷うでしょう。選ぶときに注意したいことは高さ。贈るときは蓋を閉めますから、高低をつけるデザインなら高さが必要に。

フラワーボックス専用の箱の中には、蓋を閉めても花に当たらないような仕掛けがしてあるものもあります。最近、蓋がアクリル製のボックスを見つけました。蓋をしても花が見えますし、リボンを飾っても素敵。また、アクリルに穴が開いていて、花が呼吸できるという優れものです。

Technique 6

楽しい演出が多彩にできる

バラの花に囲まれて婚約指輪が、あるいは思い出の貝殻が入っていたり、蓋の裏に写真が貼ってあったり…。フラワーボックスだと、こんなサプライズの演出もできます。

また、2段のボックスなら、2段とも花を入れてボリューミーに、あるいは1段はグリーンのみで、という演出もおしゃれです。考えるだけでも楽しくなるほどいろ

ろな可能性があります。

本書でも紹介した米寿のお祝いのアレンジでは、1段に金平糖などのお祝いのお菓子を詰めました。贈る目的に合わせたお菓子やお茶類を詰めても喜ばれることでしょう。バレンタインにチョコレートを入れるのもおしゃれですね。

ボックスの中にプレゼントを入れ、花は外にアレンジ、という演出もあります。

ボックスの外に
花を飾って、
中にカップを。

Bouquet ブーケ

ブーケのスタイル別束ね方のポイントと
ラッピングとアレンジの関係などを紹介しましょう。

Technique 1 スタイル別束ね方をマスター

ブーケのスタイルは、「オールラウンド」と「ワンサイド」に大別できます。オールラウンドは、360度どこから見ても美しいブーケで、ワンサイドは正面からが最も豪華に見えるブーケです。この2通りのスタイルの束ね方は、オールラウンドはスパイラル（螺旋状）で、ワンサイドはパラレル（平行）で花を組み上げます。

◆オールラウンド・ブーケ

基本のスタイルは、全体が丸に近い形に見えるように花を組みます。花の頭の高さをほぼ揃え、小花や葉で外側を取り囲むように少し低い位置にアレンジします。

手で握る中心部をバインディングポイント（結束点）といいますが、ここがずれないようにしっかり握ることが肝心です。

◆ワンサイド・ブーケ

背面の花を長く、手前の花を短く平行に組んでいくのが特徴で、一般的に花束といわれるスタイルです。

オール
ラウンドブーケ

ワンサイド
ブーケ

〈オールラウンド・ブーケの束ね方〉

❶花材の茎を出来上がりのサイズより少し長めに切り分け、上から約1/3より下の枝や葉をカットしておく。

❷左手の親指と人差し指の間で茎を持ち、1本目は真っ直ぐな茎を選ぶ。茎を持つ位置は花の長さの約1/3のところで、最後にこの位置で縛るので、ここをバインデングポイント（結束点）と呼ぶ。

❸2本目の茎は1本目の茎に対してやや左向きに重ねる。左、右、中央と花を束ねていく。メインになる花は中央に束ね、間に細い茎の花やグリーンを入れていくと安定しやすい。丸い形を意識して組む。

❹スパイラルに組めると花束を立たせることができる。

指の使い方

親指と人差し指はしっかりと花の茎を握り、中指と薬指は茎を支えるくらいに軽く握ると、花の束がぐらつかずに花を重ねていくことができる。

1

下方の茎や葉をカット。茎の長さは揃えないでOK。

2

3

4

2 1本目は真っ直ぐな茎を選び、2本目は左向きに束ねる。
3 カスミソウなどを入れ、メインのカーネーションを重ねる。
4 斜め、斜めに同方向に重ねて組む。

〈ワンサイド・ブーケの束ね方〉

❶葉物や枝物を用いることが多いが、背には一番長い花材を。ブーケの長さはこの花材で決まる。まずそれを手に真っ直ぐに持つ。

❷高さを見ながら、順番に花を重ねていく。おおざっぱにでもグルーピングするとアレンジしやすい。

❸高低をつけて花材を重ねていくが、立体的に見えるように高さのバランスやグルーピングを考えるのがポイント。

1 ブーケの高さが決まる、一番長い花材を手に持つ。*2* 高低をつけて花材を重ねていく。*3* 手前を低く、立体的に見えるように花の位置を決める。

簡単な束ね方

花数が多かったり、太い枝があったり、あるいは大きな花束にする場合は手に持つ束ね方より、テーブルに置いて花を重ねていくやり方のほうが、ずれたりせずに束ねやすい。

Technique
2 ブーケの花を長持ちさせるには

　イキイキした花をブーケにするのがまず肝心です（p13参照）。ブーケにアレンジされたら横に寝かさずに、立てておくほうが花の鮮度を保てます。サポートグッズとしておすすめはプラスティック花器。水に花を入れたまま贈ることができ、贈られる側は花束のまま飾ることができます。

　茎を水で浸したペーパーで巻く場合は、水を多めに吸収する専用のステムティッシュがおすすめです。

Technique
3 ステムを飾る

　ラッピングをせずに、ステムを飾るデコレーションも素敵です。その方法はいくつかありますが、あくまで主役は花なので、ステムが目立ちすぎるデコレーションは避けましょう。

❶花の色とコーディネートしたリボンで巻き上げます。

❷花を包むようにリボンを使い、リボンの先でステムを巻きます。

❸リボンの代わりにフェルトなどの布で巻きます。

❹飾りピンを使う。パールや押しピンなどで飾ります。

❺葉物をラッピングのイメージで活用。

使用する花材でラッピングの役目もさせる。

パールのピンで清楚ながら華やかさをプラス。

フェルトを服にピンをボタンに花を赤ちゃんに見立てて誕生祝いに。

4 ラッピングを上手に

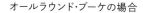

アレンジのテーマに合っていて、花がきれいに見え、また花を保護する役目がラッピングです。ブーケの仕上げのお化粧ですから、気が抜けません。2タイプのブーケに合ったラッピングの基本を紹介しましょう。

◆オールラウンド・ブーケの場合

全体が丸い形のブーケは、ラッピングの高さを花より短くし、ブーケの形にそって前後をつくらないように包むのが基本です。

◆ワンサイド・ブーケ

背になる花は長くし、手前の花は短くするワンサイド・ブーケの場合のラッピングは、後ろを高くして前は花を見せるように低くラッピングをします。

ラッピングペーパーを2枚重ねたり、紙以外の素材でアピールしたりとラッピングのバリエーションはいろいろあります。また、p21で紹介したブーケの花を長長持ちさせるプラスティック花器を使うと、ブーケの底が安定し、ラッピングもしやすくなります。

1 花の側を丸く折ってホチキスで留める。*2・3* ブーケの周りに空間をつくり、花の顔が見えるようなところで絞る。きれいに整える。

花の顔が立体的に見えるような位置でラッピングを。

ワンサイド・ブーケの場合
（二重にラッピング）

背を高く手前を低く、さらに紙を丸めて花をゴージャスに見せる。

少ない花でも豪華に見えるようにラッピング。

1 薄いラッピングペーパーで包み仮留。*2・3* まずセロファンでブーケをカバーし、花が見えるようにラッピングペーパーで包む。

あて板で
持ち運びやすく

段ボールを花器より少し大きめにカット。ラッピングや紙袋に入れやすくするために花器の形に合わせずに板状に切ります。あて板をすることで、持ち運ぶときに重さにも耐えやすく、運びやすくなり、アレンジが崩れる心配も少なくなります。あて板をラッピング用のフィルムで巻いておくと、防水にもなります。

Basket カゴ

カゴのスタイルは千差万別ですが、
アレンジをする上で知っておくとよいことをお話ししましょう。

Technique 1
木の質感を生かし、ナチュラルにアレンジ

ナチュラルな趣のあるカゴにアレンジするなら、やはり花もナチュラルに見える、例えば庭に植えられているような感じが似合いますね。あるいは、今、庭から摘んできたばかりという感じに。

元気のない方や病気で外に出られない方のお見舞いに。きっと喜ばれることでしょう。

カゴをそのまま贈るのももちろんいいのですが、カゴごとラッピングをして贈るのも素敵です。

カゴの趣きを生かし、庭に咲くコスモスが風になびいているようにアレンジ。

Technique 2
隙間を埋める花や葉を用意

カゴの場合アレンジによっては、フローラルフォームを隠さなければなりませんが、アレンジの一部として考えてみましょう。

❶例えばフローラルフォームを苔で包んでおく。庭のイメージにもなります。

❷シサルやスモークツリーなどで隙間を埋める。緑が相応しいなら、ハーブ類も適しています。

あくまでもアレンジのテーマを損なわないようにしましょう。

お菓子を入れて
男の子へ
エールを贈る。

Technique 3
水漏れ対策は万全に

アレンジ専用に販売されているカゴには、プラスチックのおとしがついているので、そこにフローラルフォームを入れればOKです。

そうでないカゴには、水漏れ対策はしっかりと。カゴの中をラップで覆い、そこにフローラルフォームを置く。プラスチックのような軽い容器を活用して、その中にフローラルフォームを入れる方法もあります。

庭をイメージし
緑とプードルの
オレンジで統一。

Technique 4
カゴアレンジを楽しむ

様々なスタイルのカゴがあり、アイデアをめぐらしてアレンジを楽しめます。花アレンジ用でなくても、水漏れ対策さえすればOK。ボックス同様に、お菓子をプラスしたり、楽しい遊びができるのもカゴのメリットです。

ただ、アレンジをするときに気をつけたいことは、カゴの形や色と花とのバランス。色は統一したほうがまとまりますね。

Flower Vase 花瓶

水が入るものであればすべて花器として使えます。
花も花器も素敵に見えるテクニックを紹介しましょう。

※花が活けられる液体の入る器が花瓶ですが、様々な素材があるので本文では花器で統一。

Technique 1 花をきれいな状態で長持ちさせる

花を買ってきてまずすることは水揚げ（p13参照）。水揚げをしっかりしてからアレンジをしましょう。花器にアレンジする場合のポイントは5つ。

❶花器はきれいに洗いましょう。

❷水に浸かる葉は取り除いて。

❸水の量は花器の約70％。茎が水を吸いやすい量で、花の種類が多い場合はこの数字を目安に。ただし、バラのように茎が固い花は水の量は多めに、ガーベラやカラーのように茎が柔らかい花は水を少なめにと、茎により加減をするといいですね。

❹水は毎日替えます。花の水揚げが悪いと、水に浸かっている茎の部分がヌルヌルしてきます。その場合は茎を洗い、花器も洗うようにしましょう。

❺飾る場所にも心配りを。風通しのよい直射日光の当たらない場所、エアコンの風も避けましょう。部屋の温度が上がる夏の日に出かけるときは、アイスキューブの活用をおすすめします。

花をイキイキさせる
ポイントは
水との関係に。

Technique 2 花と花器の関係

花と花器でひとつのアレンジになりますから、アレンジのイメージにより花器を選びましょう。水が入れば、例えばカップ類やピッチャーなども花器になります。ナチュラルテイストのアレンジならブリキ素材がピッタリ、可愛くならマグカップが、という具合です。

花器の色も関係してきます。花とメリハリをつけたいときは、花より濃い色の花器で。また、落ち着いたイメージでまとめるなら、花も花器も落ち着いた色で統一をしましょう。

ブリキの花器で
花が庭に咲いてる
イメージに。

チューリップと
コップの花器。
楽しいアレンジに。

隠す留め方

花器の中で花が定まりにくい場合などに、木やワイヤーなどを花留として活用する方法です。

❶茎や枝、葉を使う／茎や枝、葉を使うやり方は、見えてしまっても花材の一部と思われる利点があります。2本の枝を交差させる方法は、花材を固定するのではなく、動きを生かすときにおすすめの留め方。また、細い枝を輪にして花器にセットする方法では、枝の隙間にさしていきます。花材としてアレンジされている枝に、他の花材を留める方法も。葉を使う方法もあります。

❷ワイヤーを使う／茎の細い花や動きが安定しにくい花に適しているのがこれ。ワイヤーをビンなどに巻きつけて形をつくってから崩すとよい。ガラスの器にも使われ、見えてもOKです。

1 花材の動きを生かしながら留めやすくするときに活用。*2* 細い枝を輪に。花をさすところが多くできる。*3* ハランを巻いて。ハランの間にさす。*4* ワイヤーを丸めて。花をさすところが多数できる。

見せる留め方

ワイヤーも枝も見えてもOKなのですが、ここではガラスの花器を使う「見せる」留め方を紹介します。

❶葉を使う／ガラスの花器の中に葉を丸くしてセットし、葉の隙間に花をさすことで、茎が隠れてスッキリしたアレンジになります。

❷石や貝殻を使う／盆栽風や庭をイメージするときには石が効果的。石は小さい方が留めやすく、少ない花材でも見栄えがするメリットもあります。貝殻は夏をイメージするときに効果的です。

❸ゼリー／何種類かの花用ゼリーが市販されています。吸水されているので花をさすだけでOK。

❹ビーズやビー玉／色があるビーズやビー玉はアレンジのイメージで色を選ぶように。貝殻もそうですが、後から追加するとバランスが悪くなるので、絵を頭に描いてから始めましょう。

1 ガラスの花器にハランを巻いて入れ、葉の間にさす。*2* 貝殻は装飾にも花留にもなる。*3* ゼリーに花を留める。ゼリーの色はいろいろある。*4* ビー玉は多くても少なくても絵になる。

磨きたいアレンジのテクニック

花言葉で贈る
目的別
アレンジメント

想う心を伝えてくれる花言葉の花を選び、
アレンジメントをして贈ります。
「感謝、祝う、エール、LOVE、偲ぶ、お詫び」の
6つの想いにそってアレンジメントを紹介しましょう。

[掲載されている花言葉・花の時期について]
＊花言葉はテーマに相応しいもののみを掲載している場合もあります。
＊掲載されている花の時期は目安になります。通年手に入る花が多くなり、
　また、花問屋にはあっても、花屋さんにはない場合も多々あります。

「感謝」の気持ちを
心から伝えるアレンジメント

いつも心の中でつぶやいているけど、面と向かってはなかなか言えない。
あるいは、「とても感謝しています」と、少しかしこまって感謝を伝えたい。
様々な「感謝・お礼」のシーンを花で伝えます。

Thank you

花図鑑

「感謝」をストレートに伝える花たち

カンパニュラ

ピンクのガーベラ

レースフラワー

モルセラ

トルコキキョウ

カンパニュラ：「感謝」「誠実」「節操」が花言葉のカンパニュラは初夏の花。
ピンクのガーベラ：花言葉は「崇高美」「思いやり」。英語の花言葉には「感謝」「思いやり」がある。
レースフラワー：「可憐な心」「感謝」「細やかな愛情」の花言葉はその姿から。
モルセラ：ミントグリーンが爽やかなモルセラの花言葉は「感謝」「希望」。ガクに囲まれて小さな花が咲く。
トルコキキョウ：「感謝」「清々しい美しさ」「希望」。慶事・弔事に使える。

ピンクのバラ：「上品」「しとやか」「感銘」「感謝」「可愛い人」。優しい愛情が感じられる花言葉ばかり。
カスミソウ：「無邪気」「感謝」「幸福」「清らかな心」。
ピンクのカーネーション：「美しい仕草」や「上品・気品」「温かい心」など女性のほめ言葉が多いですが、「感謝」の言葉も。女性に贈りたい。
ダリア：「感謝」「威厳」「気品」「優雅」。「移り気」といったネガティブな花言葉も。白は「感謝」「豊かな愛情」。

ピンクのバラ

カスミソウ

いっぱいの愛情、ありがとう

陽気が春めいてきた3月。
4月からは家族一人ひとりの1年がスタートします。
思いやりと愛情で1年を頑張りましょう。
家族に感謝のメッセージも込めたアレンジです。

花言葉

◆チューリップ　12〜4月
全般的な花言葉は思いやり。英語は理想の恋人。赤のチューリップは愛の告白。ピンクは愛の芽生え、誠実な愛。ピンクの英語の花言葉は優しさ、思いやり、幸福で、誰もが幸せな気持ちになれる花言葉だ。

◆スイートピー　12〜4月
スイートピーの花言葉は門出、ほのかな喜び。新しいスタートを意味するのでさようなら、別離はネガティブな意味ではない。紫のスイートピーは永遠の喜び。

チューリップ

スイートピー

こんな花でも

チューリップの代わりにバーベナ。バーベナの花言葉は魔力、魅力だが、ピンクのバーベナは家族愛、家族の和合。花言葉が感謝のカスミソウも入れて。

How to arrange　チューリップの様々な動きは家族を表現

1

2

3

4

ピンセットを使って

1 用意した3つのコップにどのようにチューリップをアレンジするか考え、大胆に茎を曲げるチューリップにはワイヤーをさす。軽く曲げるチューリップは手で茎をためる。手でためる場合、力の入れ具合が肝心。はじめは弱く、様子をみながら強くしていく。
2
3 チューリップは家族を表現しているので、家族の人数を用意。一人ひとりを想像して動きをつけるとアレンジが楽しくなる。
4 スイートピーを加える。

arrangement Point

チューリップの動きにストーリーがあるといいですね。水は底に茎の先が浸かる程度に入れ、ビー玉などを使うと花留にもアクセントにもなる。

想う心を伝える

チューリップの花言葉には「愛の告白」をはじめ「愛」の表現が多いですね。今回のアレンジでは「家族の愛と思いやり」をチューリップで表現しました。愛と思いやりを心に、4月からスタート。「門出」はスイートピーで表現。「感謝」の気持ちを強く伝えるならカスミソウをプラスしてもいいですね。家族が集まる居間や玄関に飾りましょう。

ママへ、
いつもお弁当ありがとう

5時起きでお弁当をつくってくれるお母さん。
中学1年からなのでもう10年。
我が家のプードルをカーネーションでつくり、
「ありがとう」を伝えます。

花言葉

◆カーネーション　通年
全般の花言葉は無垢で深い愛。オレンジのカーネーションはあなたを愛します、清らかな慕情、純粋な愛。緑のカーネーションの花言葉は癒し、純粋な愛。

◆カスミソウ　通年
清らかな心、幸福、感謝が花言葉。英語では永遠の愛が加わる。

◆アイビー　通年
永遠の愛、不滅、誠実、友情。

◆ドラセナ　通年
多彩な品種があるドラセナの共通する花言葉は幸福、幸運。ドラセナ・サンデリアーナの花言葉は長寿、開運。

◆ラグラス　通年
花言葉は感謝、はずむ心。

◆ラナンキュラス　12〜5月
とても魅力的、光輝を放つ。女性にはうれしい花言葉。このアレンジではつぼみを使用。

こんな花でも
プードルはつくれないが、感謝が花言葉のピンクのガーベラを。カゴにピンクの濃淡でアレンジすると華やかな雰囲気に。

感謝・お礼

How to arrange　庭で遊ぶプードルをイメージしてアレンジ

1

2

3

4

1 一匹に2輪のカーネーションを用意。ガクと茎の境目をカット。ガクを外し、1輪を4つに分け、さらに一つを2つにして9つのパーツに。
2 9つのパーツをワイヤリングし、テーピングを。
3 頭、おでこ、目鼻、あごを縦に、目鼻の横に2つ、計6つのパーツが顔になる。目と鼻は手芸用ぬいぐるみのパーツを利用。
4 顔をカゴに。手前に手を、後に尻尾をつける。カスミソウやラグラス、アイビーで庭をイメージ。ラナンキュラスのつぼみでアクセントを。

arrangement Point
プードルが庭で休んでいるイメージでアレンジを。丸く折ってホチキスで留めたドラセナには、フローラルフォームを隠す役目も。

想う心を伝える

明るく元気なお母さんに「愛してます」と感謝を伝えるのに最適なオレンジのカーネーション。カーネーションで熊やプードルをつくってカゴアレンジで。右のように額にアレンジしてもいいですね（カーネーションはプリザーブドフラワー）。

Thank you

日頃の感謝を込めて

いつも一生懸命に働いてくれているお父さんやご主人に、
あるいは職場の方たちを家に招いての食事会のアレンジに、
「いつもありがとう」の感謝を花に託してみました。
珍しい新種のバラをきっかけに、話にも花が咲くことでしょう。

花言葉

◆バラ　通年
珍しい八重咲きの新種のバラ。バラ全般の花言葉は愛、美。八重咲きのバラの花言葉は誇り。

◆秋色紫陽花　9〜11月
紫陽花の花言葉は移り気、無常といったよくないイメージですが、家族団らんという意味もあり、今回のアレンジで使用。

◆スキミア　10〜12月
つぼみの赤色から花言葉は愛・寛大。花は白色なので清純の花言葉も。

◆エケベリア（多肉植物）　通年
その美しい姿からか人気が高く、花言葉も優美、たくましい、穏やか。

スキミア　秋色紫陽花
バラ
エケベリア

こんな花でも

春なら、バラの代わりにチューリップを。明るく愛らしいイメージのアレンジになり、贈る相手が女性なら喜ばれるでしょう。その場合、秋色紫陽花は外し、スキミアの代わりにカスミソウを。

| How to arrange | 珍しい花たちが目を惹く大胆なアレンジメント |

1

2

3

4

1　エケベリアの茎が短く、大きい場合はワイヤリング（P17参照）をしてフローラルフォームにさす。安定感が生まれる。

2　秋色紫陽花をフローラルフォームが隠れるようにさす。ボリュームを出す役目もある。

3　全体に丸いフォームになるように、また秋色紫陽花がアクセントとして見えるように考慮しながらバラを配していく。

4　バラや秋色紫陽花の隙間にスキミアを、丸いフォームのアクセントになるように少し顔を出す。

arrangement Point

茎が短いときには、ワイヤーを茎の代わりに使用。茎があっても頭が重たい花なら、ワイヤーが補強の役目をします。

想う心を伝える

「たくましくて優美」の花言葉を伝えたくて、エケベリアにまず目が惹かれるようにアレンジしました。秋色紫陽花はとてもおしゃれな花ですが、ネガティブな花言葉ももつので、前面には出さないように。ブーケにする場合は大きなエケベリアは外し、小さなエケベリアを増やし、バランスをみてアレンジをしましょう。

気にかけてくれてありがとう

両親と離れて暮らしている私を、
何かと気にかけてくれている叔母。
面と向かって感謝を言うのは少し恥ずかしいので、
「感謝」や叔母をイメージする花言葉の花を集めて
フラワーボックスにして贈ります。

花言葉

◆バラ　通年
ピンクのバラの花言葉は上品、温かい心、感謝。上品は贈る相手にピッタリ。

◆ガーベラ　通年
ガーベラ全般の花言葉は希望。英語ではピンクは感謝、赤は愛情。

◆トルコキキョウ　通年
トルコキキョウ全般は感謝。白は思いやり。思いやりに感謝。

◆ピットスポラム　通年
飛躍という花言葉もポジティブで、通年手に入るので、グリーンとして使いやすい。

◆ドラセナ　通年
幸福の象徴として使われ、花言葉も幸福、幸運。

ドラセナ　トルコキキョウ　バラ　ピットスポラム　ガーベラ

こんな花でも

花言葉が感謝・温かい心のピンクのカーネーションをバラの代わりに使っても。また、思いやりや感謝の花言葉をもつミモザを加えると春らしい華やかなアレンジに。

感謝・お礼

How to arrange　明るく若々しいイメージにアレンジ

1

2

1 フローラルフォームをセットし、3本のバラをさす。

2 バラの側にガーベラを配置し、2か所でグルーピングを。

3 バラとガーベラの間にトルコキキョウをさす。隙間にはつぼみを、バランスを見てさす。

4 さらに隙間をピットスポラムで埋める。ドラセナを丸めてアクセントに。

3

4

arrangement Point

バラは小ぶりで、4本のガーベラがポイントに。ピンクのガーベラは手前と奥に配置。隙間をつくらないようにさすのがポイント。

想う心を伝える

贈る相手の「思いやり」に「感謝」をし、また、相手の「幸福」を祈るという想いを伝えたくて、その花言葉に相応しい花たちをチョイスしました。このボックスは生花をプレゼントするためにつくられたものです。クリアケースのカバーには空気穴が開けられ、花が蒸れないように工夫されているので、花が長持ちします。

Thank you

いつもありがとう

特別なお祝いでも、お礼でもないけれど、
「いつもありがとう」とさりげなく伝えたい─
そんなときの手土産にもなるアレンジです。
もらってうれしい花言葉ばかりです。

花言葉

◆スプレーマム2種　通年
菊と同じ高潔の花言葉は、天皇家の菊の紋が由来。他には清らかな愛。

◆キノブラン　通年
白い部分はガクで花は黄色の部分。花言葉はいつまでも変わらない。

◆ヒペリカム　通年
グリーンから黄色の花が咲き、残った実は赤く色づくヒペリカム。黄色の花が陽にあたり輝くさまからきらめきという花言葉が。復讐という花言葉もあるので注意を。

◆ピットスポラム　通年
緑一色と黄色と白色の模様が入る2種類が。花言葉は飛躍、慈しみ。

スプレーマム
ヒペリカム
ピットスポラム
キノブラン
スプレーマム

こんな花でも

トルコキキョウの白とグリーンをメインに。全般の英語の花言葉は感謝。白とグリーンはよい語らい。「いつもありがとう。これからもよい語らいをしたいですね」というメッセージを。

感謝・お礼

How to arrange　全体がラウンドになるようにさす

 1

 2

 3

 4

1 ロウソク入りの花器の内容器にフラワーフォームをセット。ポイントになるスプレーマムをセンターに4本、四角形にさす。

2 もう一種類のスプレーマムを1を囲むようにさす。キノブランをさらにその周りとスプレーマムの間にさしていく。

3 ヒペリカムをセンターにさし、さらに花の間と周りにバランスを見てさす。ピットスポラムも同じようにさし、空間を埋める。

4 花器にかけて、天然石のブレスレットを飾る。

arrangement Point

キノブランをスプレーマムより高くさすと、元気のよい印象のアレンジになり、低めにさすとスプレーマムが引き立つ。

想う心を伝える

このアレンジではローソクの明かりを楽しめる花器を使用。中の容器にフローラルフォームをセットしてアレンジ。火が灯っても花器の部分は溶けない材料でつくられています。ローソクの明かりと花でホッと癒されます。

◆ガーベラ　通年
全般の花言葉は希望、常に前進。ピンクのガーベラは崇高美、英語版では感謝、思いやり。

◆カーネーション　通年
全般の花言葉は無垢で深い愛。ピンクのカーネーションは女性の愛、美しい仕草、感謝、温かい心。

◆秋色紫陽花　9〜11月
ネガティブな花言葉の中で、辛抱強いというポジティブな花言葉も。

◆キノブラン　通年
前ページで紹介したが、永久不変。

◆ピットスポラム　通年
花言葉は飛躍。

ガーベラ
カーネーション
キノブラン
秋色紫陽花
ピットスポラム

◆ こんな花でも

ピンクのカーネーションの代わりにピンクのバラを。バラ全般の花言葉は愛、美。ピンクのバラの花言葉は上品、しとやか、感謝。

How to arrange ‖ 直径が長すぎないようにバランスを考える

 **1**

 **2**

 **3**

 **4**

1 容器にフローラルフォームをセット。キノブランとピットスポラムを容器の周辺にさす。円周の大きさがアレンジメントの大きさになるので、花の量やバランスを考えて調整を。

2 ガーベラ1本をセンターにさす。ガーベラの高さがラウンドに仕上げるときの高さになる。

3 ガーベラより低い位置に、ガーベラを囲むようにカーネーションをさす。

4 花の間に隙間を埋めるように秋色紫陽花をさす。

arrangement
Point
横の大きさを決めるのはキノブランとピットスポラムの長さ。花器とのバランスを考えて長さを決めましょう。

想う心を伝える

p39のアレンジメントでは「感謝」を表す花言葉の花は使っていません。「高潔、きらめき、飛躍」といった、贈る相手を考えての花言葉です。ただ、スプレーマムには「清らかな愛」という花言葉がありますから、贈る相手を選びますね。このページのアレンジメントでは「感謝」を前面に出しています。女性への贈り物として喜ばれる色合いです。

ミモザ

アイビー

キノブラン

ラグラス

Thank you

友 人 に 贈 る

いつも愚痴をだまって聞いてくれ、
心の支えになってくれている友人に、
春の訪れを告げるミモザを贈ります。

How to arrange

1 ミモザの葉を整理して束ねる。
　葉の多い枝は一番下にし、長さ
　を変えて重ねる。横から見ると
　三角形になる。

2 キノブランをミモザの間にバラ
　ンスを見て入れる。アイビーは
　右横に、ラグラスは長短つけて
　グルーピングし、左側にアレン
　ジ。アイアンのフレームをつけ
　て贈っても喜ばれる。

花言葉

◆ミモザ　1〜3月
フランス・ニースで2月に行われるミモザ祭り。
春を告げる花として有名なミモザの花言葉は、友情、
優雅、エレガンス、秘密の恋。

◆キノブラン　通年
白い小さな花が可愛く、アレンジによく使われる。
花言葉はいつまでも変わらない。

◆アイビー　通年
花言葉は友情、信頼、永遠の愛。

◆ラグラス　通年
別名はうさぎの尾。花言葉は感謝、私を信じて。

想 う 心 を 伝 え る

友情、感謝の花言葉で花を選びましたが、
優雅、エレガンスという花言葉もあるミ
モザは女性に人気の花です。ミモザ、キ
ノブラン、ラグラスはドライフラワーに
なりやすい花ですので、スワッグとして
長く楽しめます。

ようこそ、いらっしゃいました

お世話になっている友人を我が家にお招きしました。
お出迎えは友人が大好きというコスモスが。
感謝や思い出、夢といった花言葉で
ありがとうという想いを伝えます。

花言葉

◆コスモス　6〜11月
全般の花言葉は調和、乙女の真心。色別では赤は愛情、ピンクは純潔、白は優美。

◆フランネルフラワー
　4〜6月　9〜11月
真っ白な花色から誠実、清楚などの花言葉が。

◆雲竜柳　通年
花言葉は素早い対応。いつもなにかと素早く対応してくれて感謝の意味でチョイス。

◆バジル　通年
ヒンドゥー教では神に捧げる高貴な植物とされ、花言葉も神聖、好意、よい望みなど。

雲竜柳
コスモス
バジル
ペパーミント
タマシダ
フランネルフラワー

◆ペパーミント　通年
ミント全般の花言葉は美徳、効能。英語の花言葉では気持ちの温かさ。

◆タマシダ　通年
葉の美しさから魅惑、新芽の姿の可愛さから愛嬌。

こんな花でも

コスモスのような可憐なイメージではないがトルコキキョウもおすすめ。花言葉はよい語らい、優美、希望など。色別では白が思いやり、紫は希望、ピンクは優美、グリーンはよい語らい。

How to arrange ｜ 庭に咲いているように自然な姿に

1

2

3

4

1 カゴの底にセロファンを敷き、フローラルフォームをセット。

2 カゴとのバランスを見ながら、雲竜柳でアレンジの高さや幅を決める。雲竜柳の自然な姿を生かしてさす。

3 タマシダ、バジル、ペパーミントを扇の形になるようにさす。フローラルフォームを隠すことも意識してさしていく。

4 コスモスは自然な姿を生かして、庭に咲いているようなイメージでアレンジを。

arrangement Point

そこに秋の庭が出現したかのように。コスモスが軽やかに風になびいているかのようにアレンジするのがポイント。

想う心を伝える

まだ二人が乙女といわれていた頃は、明るく、自由に、まるでコスモスのように生きていた。コスモスは友人の好きな花でもあり、コスモスを見ながら、あの頃の思い出を語りつくす。

そんな場面をイメージして、感謝と友人を表現した花言葉をもつ花を選びました。バジルやペパーミントといったハーブはよい香りをほのかに漂わせてくれます。

会社の先輩に「感謝」

何かと私に目をかけてくれる先輩。
先輩がいるから失敗を恐れずに新しいことにも挑戦できる。
そんな先輩に「感謝」を込めて…。

カンパニュラ

ラナンキュラス

アイビー

How to arrange

1

2

1 紙袋に窓をつくる。プラスチックの容器にフローラルフォームをセット。2色のカンパニュラを高低をつけ、袋と窓から顔を出すようにさし、かつ繋がって見えるようにアレンジする。

2 アイビーを自然な動きで配置。ラナンキュラス2輪は高低をつけ、正面を向くようにさす。

花言葉

◆カンパニュラ　3〜6月
ラテン語で小さな鐘を意味するカンパニュラの花言葉は感謝、誠実な愛、思いを告げる。

◆ラナンキュラス　12〜5月
全般の花言葉はとても魅力的、華やかな魅力。赤色の花言葉はあなたは魅力に満ちている。

◆アイビー　通年
永遠の愛、不滅、誠実、友情、信頼の花言葉の中で、このアレンジでは友情、信頼。

想う心を伝える

何かと目をかけてくれ、助けてくれる先輩に、先輩の誕生日にプレゼント。カンパニュラで「感謝」を、ラナンキュラスで魅力的な先輩を称えて、そしてアイビーで、ちょっとおこがましいと思いながら、友情と信頼の気持ちを伝えます。

花言葉

◆カネノナルキ　通年
多肉植物のカネノナルキの花言葉は幸運を招く、富、不老長寿。硬貨に似た丸い葉が名前の由来。縁起がよいとされ、開店や開業に贈られることも。ピンクと白の星型をした花は11～2月ぐらいに咲く。

◆モルセラ　通年
花言葉は感謝、希望。ガクに囲まれて小さな花が咲く。特徴的な姿からアレンジによく使われる。

想う心を伝える

カネノナルキという名前から、お小遣いのお願いではと誤解を生みそうですが、幸運・不老長寿の花言葉を伝えましょう。ただ、長く育った株でないと、花が咲いていないこともあります。

How to arrange

1

2

1 モルセラをワイヤリングして、大小ふたつのリースをつくる。ひとつは花器に入る大きさに。
2 花器にフローラルフォームをセット。1のモルセナのリースを置く。リースの中にカネノナルキをさす。多少空間を生かしたアレンジに。

Many Thanks

父の日
感謝と幸運を贈ります

まだまだ元気で頑張ってほしい、
「頼りにしています」という気持ちを
「感謝」の気持ちとともに伝えます。

カネノナルキ

モルセラ

母の日
「感謝」をカゴいっぱいに

ピンクのバラ、赤のカーネーション、
そしてカスミソウをカゴにアレンジ。
思いやりと励ましに感謝して贈ります。

◆バラ　通年
ピンクのバラの花言葉はしとやか、上品、感謝、温かい心。バラ8本の花言葉は思いやりや励ましに感謝します。

◆カーネーション　通年
母の日には赤のカーネーション。花言葉は母への愛。

◆カスミソウ　通年
感謝を表す際によく使われるのがカスミソウ。花言葉は清らかな心、感謝、幸福。

◆ドラセナ　通年
花言葉は幸福、幸運。

カスミソウ　　カーネーション

バラ

ドラセナ

こんな花でも
花言葉が感謝のピンクのガーベラ。あなたは魅力に満ちているが花言葉のラナンキュラスは、お母さんを笑顔にするはず。

How to arrange　カゴにブーケが置かれているようにアレンジ

1

2

3

4

1　セロファンを敷きフローラルフォームをセット。

2　バラの茎を後方にさす。カゴから出る長さはカゴの長さの半分強。フローラルフォームには束ねてさし、先は広がるように。ドラセナをカゴの前に。長さはバラの茎より少し短く。

3　バラをカゴの半分より前に、手前に少し倒し気味に、徐々に花が上向きになるようにさす。カーネーションを後方にさす。

4　丸めてホチキスで留めたドラセナをバラの間に、カスミソウも散らすように動きを出してさす。

arrangement Point
バラの顔が手前は下向き加減に、だんだんと上を向くようにさす。こうすることで、こんもりとした豊かな印象のアレンジになります。

想う心を伝える

感謝の気持ちをカゴいっぱいにしてプレゼント。このアレンジは「スプレーシェイプ」と呼ばれるスタイルです。花束がカゴに置かれているように見えるアレンジで、実は茎と花は別々にさしているのです。ブーケのように渡して、そのまま飾れるメリットがあります。カゴごとラッピングすると、ゴージャス感がプラスされ素敵ですね。

Respect

恩師に「感謝」を手渡す

卒業して20年、初めて出席する高校の同窓会。
恩師が出席するというので、感謝を伝える贈り物を持参。
凛とした美しさは昔のままで、
思わず大きな声で「先生」と呼んでしまいました。

花言葉

◆スプレーバラ　通年
スプレーバラ全般では温かな心、包容力。赤のスプレーバラの花言葉は愛情、情熱。白のスプレーバラは深い尊敬。

◆カーネーション　通年
カーネーション全般では無垢で深い愛。ピンクのカーネーションの花言葉は感謝、美しい仕草、温かい心、気品。

◆ブルースター　通年
小さくても存在感のあるブルースターの花言葉は幸福な愛、信じ合う心。

（画像中のラベル）
スプレーバラ
ラベンダー
ブルースター
カーネーション

◆ラベンダー　5～7月
花言葉は期待、優美、清潔。英語では献身的な愛。

こんな花でも

花言葉が感謝のピンクのバラや、やはり感謝の花言葉をもつレースフラワーを使っても。優美、教育、信頼が花言葉のヤグルマギクも素敵。

感謝・お礼

How to arrange　ブルースターはアクセントになるようにアレンジ

1

2

3

4

1　ボックスにセロファンを敷き、フローラルフォームをセット。

2　赤のスプレーバラを、2本・2本・1本に分け、3か所に配置。

3　ピンクのカーネーションを2本・2本・1本・1本に分け、4か所に配置。白のスプレーバラを右側のピンクのカーネーションのそばにさす。

4　ブルースターを赤のバラやカーネーションを囲むようにさし、ラベンダーをそのそばに、周りを埋めるようにさしていく。

arrangement Point

バラとカーネーションは同じぐらいの大きさがベスト。ブルースターはつぼみか半開きぐらいが丁度よく、アクセントになります。

想う心を伝える

女性らしい優しさと凛とした厳しさをもつ恩師。贈る花は赤とピンクの花を中心に、女性らしい華やかで可愛いアレンジにしました。「深い感謝」を表す白のスプレーバラは1輪にしてあえてさりげなく。手渡しをするので大きさも考慮し、大きいアレンジは避けました。アクリルのカバーには空気穴があり、花が長持ちする工夫がされています。

Appreciate

心より深く感謝をします

「心より感謝」、家族に向けて、あるいは知人に…。
知人ならお手紙を添えてお贈りしたいですね。
紫とグリーンだけの落ち着いた色合いのアレンジです。

花言葉

◆トルコキキョウ　通年
全般の花言葉は優美、希望、感謝。紫色のトルコキキョウは希望。未来に羽ばたく人に最適な花言葉だ。

◆モルセラ　通年
爽やかなミントグリーンと貝殻のようなガクが目を惹くモルセラは夏の花。花言葉は感謝、希望。ガクに囲まれて小さな花が咲く。

◆ドラセナ　通年
全般の花言葉は幸福。ドラセナ・サンデリアーナの花言葉は開運、長寿。

ドラセナ・サンデリアーナ
トルコキキョウ
ドラセナ・グリーン
モルセラ

こんな花でも

トルコキキョウの代わりに白のダリア。ダリア全般の花言葉は華麗、優雅、感謝で、特に白は感謝の意味が強い。白とグリーンの爽やかなアレンジになる。

How to arrange　モルセラが頭を下げているようにアレンジ

 1

 2

 3

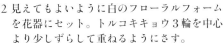

 4

1 表情をつけるためにモルセラにワイヤリングを。茎が空洞なので通りやすい。ドラセナ・グリーンをくるっと巻いてホチキスで留める。

2 見えてもよいように白のフローラルフォームを花器にセット。トルコキキョウ3輪を中心より少しずらして重ねるようにさす。

3 ドラセナ・サンデリアーナをトルコキキョウを囲むように動きをつけてさし、巻いたドラセナ・グリーンを下方に入れる。

4 モルセラにカーブをつけて四方に向けてさす。

arrangement Point

ドラセナ・サンデリアーナでアレンジに動きをつけます。モルセラはすべて同じ長さにしないで、長短を少しつけ、前には短いモルセラとドラセナを。

想う心を伝える

「感謝」の気持ちをストレートに伝えるのはモルセラです。深く頭を下げる姿をアレンジメントで表現しました。そして、これからも「よろしくお願いします」という、贈る側の「希望」はトルコキキョウに託しました。

ドラセナはアレンジメントによく使われるグリーンですが、贈る側、贈られる側の幸福を願う意味でチョイスしました。

「祝う」

この幸せが長く続くように と祈って贈ります

栄転、新築、リサイタルなど、思いが叶った人に「おめでとう」の花を贈ります。
喜びの時間を分かち合える幸せをかみしめて、
アレンジメントをしましょう。

Congratulation

花図鑑

「祝う」をストレートに伝える花たち

スイートピー

スイートピー：「門出」「別離」「永遠の喜び」など。
白は「ほのかな喜び」、紫は「永遠の喜び」。

カサブランカ

カサブランカ：「祝福」「高貴」「壮大な美しさ」。「ユ
リの女王」だけに花言葉もスケールが大きい。

ブルースター

ブルースター：「幸福な愛」「信じ合う心」。幸せ
を呼ぶ花として結婚式や男の子の誕生に贈る。

ドラセナ

ドラセナ：「幸運」「幸福」。お祝いに使われる。
ドラセナ・サンデリアーナは「開運」「長寿」。

カーネーション

カーネーション：「無垢で深い愛」。赤は「母への
愛」「感動」で女性へのプレゼントに。

胡蝶蘭

胡蝶蘭：花の形が蝶に似ていることから蝶が幸せ
を運んでくると。花言葉は「幸せが飛んでくる」。

成功を祈っています

頑張って新規事業やお店をスタートさせた友人に、
あるいはこれから何かに挑戦をしようとする家族や友人に、
お祝いの気持ちや「頑張って」と応援の気持ちを花に託して。
花器にアレンジしても、ブーケで贈ってもいいですね。
未来の幸せを映しだしてくれそうな花器、いかがですか。

花言葉

◆バラ　通年
バラ全般の花言葉は愛、美。ピンクのバラはしとやか、上品、感謝、温かい心。女性が喜ぶ言葉だ。

◆秋色紫陽花　9〜11月
紫陽花の花言葉は移り気・無常といったよくないイメージだが、辛抱強いという意味もあり、今回のアレンジで使用。

◆ユーカリ　通年
原産地はオーストラリアで、山火事の後の降雨によりユーカリの種は発芽するといわれている。それから新生、再生、思い出の花言葉が。

◆ドラセナ　通年
ハワイで幸福の象徴として儀式に使われていたことに由来し花言葉は幸福、幸運。

◆キセログラフィカ　通年
（エアプランツ）
土のない環境でも、空気中の水分を葉から吸収して育つエアプランツの花言葉は不屈。

こんな花でも

バラの代わりにラナンキュラスを。花言葉は「とても魅力的」「光輝を放つ」。ギリシャ神話に登場する魅力的な青年「ラナンキュラス」にちなんだ名前で、男女ともに贈りたい。

ユーカリ　バラ
ドラセナ
キセログラフィカ

How to arrange　珍しい花たちが目を惹く大胆なアレンジメント

1

2

3

4

1　キセログラフィカには茎がないので、アルミワイヤーを掛ける。アルミワイヤーの先端をラセン状にして飾る。

2　紫陽花を中心に、その周囲にバラを放射線状に配置する。

3　ドラセナの葉を2つに折り、ホチキスで留める。これを5〜6枚つくる。バラの周りに長いままのドラセナも含め、ユーカリとともに配置する。

4　3を花器にさし、形を整えたら、手前に1のキセログラフィカをさす。

arrangement Point

茎が短いときにはワイヤリングがおすすめ。ワイヤーは実用的に使うだけでなく、飾りとしても役立ちます。今回は花芯に見立ててみました。

想う心を伝える

「不屈」「愛」「新生」「幸福」。このアレンジに選んだ花たちの花言葉ですが、文字で見ただけでも、「やるぞ」といった気概が生まれてきそうです。新しいことにチャレンジする人、再スタートをきる人、落ち込んでいる人にエールを贈るアレンジとしてもいいですね。フラワーボックスにするなら、キセログラフィカとバラだけで、スマートなアレンジも素敵です。

○○さんへ
長年の夢が叶って、
私まで心が豊かになりました。
ありがとう、そしておめでとう。

Congratulation

ニューヨークでもご活躍を

海外に栄転する上司へ贈る花束です。
華やかにお送りしたいと、主役級の花を選び、
ボリュームのある豪華なブーケにアレンジしました。
そのまま花器に飾ることもできます。

花言葉

◆ユリ 通年
「シベリア」という品種は上に向いて咲くのが特徴で、アレンジしやすい利点が。高貴なイメージがある白のユリの花言葉は威厳。フランスでは高貴や栄華の花言葉も。

◆ダリア 7〜10月
全般の花言葉は華麗、優雅。移り気、不安定といったネガティブな花言葉もあるので注意。赤のダリアは華麗、栄華。

◆グロリオサ 通年
花名のグロリオサはラテン語で栄光の意味があり、その姿からも花言葉は栄光、情熱。

◆モンステラ 通年
うれしい便り、壮大な計画という花言葉は、どちらもこのテーマに相応しい。

ユリ
ダリア
グロリオサ
モンステラ

こんな花でも

ユリの代わりには白バラやプロテアを。白バラの愛の花言葉はよく知られているが、心から尊敬という花言葉がある。王者の風格があるプロテアの花言葉は、その通りといえる王者の風格。

祝う

How to arrange
主役級の花ばかりで華やかだが上品さを忘れずに

1

2

3

4

1 開花している花とつぼみのバランスを見て、ユリ2本をチョイスする。

2 ユリのそばに外側に向けて、3本のダリアを配置。ワイヤーで仮留めするとアレンジしやすい。

3 ユリとダリアの周りを飛びはねるように、グロリオサを配置する。風がさっと通るようなエアリー感を忘れずに。

4 ブーケを包むようにモンステラを下方にアレンジ。落ち着いた色合いのラッピングペーパーを選び包む。

arrangement Point

主役級の花ばかりのアレンジでは、一つだけが目立つというよりコラボの感じでアレンジをしましょう。花同士が重なったり隠れたりしないように、立体的に配置することがポイント。また、上司への贈呈シーンを想定して、すべての花がきれいに見えるワンサイドタイプがおすすめです。

想う心を伝える

グロリオサの花言葉は「栄光」ですが、栄転先でも「飛躍してください」という願いを込めて、飛び跳ねるようなアレンジにしました。ユリ、ダリアといった大きく主役級の花を選び、「栄光・栄華」を表現しました。

上司が男性であることを想定して花を選んでいますが、上司が女性の場合は、ユリの代わりに白のアマリリスもいいですね。花言葉は「輝くばかりの美しさ」、「誇り」です。女性にはうれしい花言葉ですね。

米寿のお祝いに

還暦の赤に対し、米寿は黄色や金色がテーマカラー。
見ているだけで元気が出る色ですね。
黄色がきれいなスプレーマムを中心にアレンジ。
2段の箱に仕立て、贈ります。

花言葉

◆スプレーマム　通年
気高く、気品のある姿から花言葉は
高潔、清らかな愛。

◆アゲラタム　通年
アゲラタムという名前はギリシャ語
の不老からきている。鮮やかな色が
長い間保たれることが由来に。花言
葉は、信頼、安楽。ちなみに、紫は
古希や喜寿のテーマカラー。

◆パセリ　通年
古代ギリシャ時代、競技会の勝者に
パセリの冠が贈られたことから、花
言葉は祝祭、勝利、愉快な気持ち。

スプレーマム　　アゲラタム

パセリ

スプレーマム

こんな花でも

2〜6月が開花時期のディ
モルフォセカはスプレーマムに似た黄色の花。
次々に花が咲くことから
花言葉は元気、明るい希
望。合わせるなら時期的
にアゲラタムの代わりに
プリムラを。花言葉は青
春の始まりと悲しみ。紫
色には信頼が加わる。

祝
う

| How to arrange | グルーピングしながらさすと |
| アレンジがしやすい |

1

2

3

4

1 水がもれないように、木箱の
　内側にセロファンを敷き、白
　のフローラルフォームをセッ
　ト。隙間から見えても大丈夫
　なように白をチョイス。
2 黄色が濃いスプレーマムを3
　本、三角形の位置にさす。
3 もう一種類のスプレーマムを
　数本まとめ、グルーピングし
　てさす。センターには隙間が
　できないように配置。
4 木箱の縁にできた隙間にパセ
　リを。アゲラタムをポイント
　カラーとして入れる。

arrangement Point

一か所にポイントカラーを
配したことで、このアレン
ジがグーンと映えました。
ポイントカラーを選ぶとき
は、他の花との色合いと贈
る目的を考えて選ぶように
しましょう。今回のように
お祝い花なら、お祝いにな
る色をチョイス。紫は高貴
な色であり、古希や喜寿の
テーマカラーでもあります。

想う心を伝える

「不老」「高潔」「信頼」「安
楽」、贈る相手が思い浮か
ぶような花言葉です。お祝
いを表すストレートな花言
葉でなく、こういう花言葉
の選び方もいいですね。

添えるお菓子は縁起のよい
ものを選びましょう。金平
糖や干菓子などがおすすめ。
ちなみに金平糖は皇室の引
き出物として使われ、また
昔から慶祝のお菓子とされ
ていました。洋菓子ではバー
ムクーヘン。繁栄と長寿
のモチーフである年輪に見
た目が似ているからとか。
開けたときのサプライズ効
果も考えて、お菓子は下段
にセットしましょう。

ケイトウ（プリザーブドフラワー）

スイートピー

ガーベラ

Celebration

敬老の日
孫からプレゼント

敬老の日に孫からのプレゼント。
お洒落な祖父なので、木箱に洒落たアレンジで。
色合い的には女性にも喜ばれるでしょう。

花言葉

◆ガーベラ　通年
ガーベラ全般の花言葉は希望、常に前進。白のガーベラは希望、律義。

◆スイートピー　12〜4月
スイートピー全般の花言葉は門出。紫のスイートピーは永遠の喜び。

◆ケイトウ　5〜11月
花言葉はおしゃれ、気取り屋、個性。今回はプリザーブドフラワーを使用。

想う心を伝える

「まだまだ、これから」という祖父に対する想いを、白のガーベラの花言葉「希望」に託しました。紫のスイートピーはその花言葉も素敵ですが、紫という高貴な色も祖父をイメージして。ケイトウはおしゃれな祖父を表現する花言葉として選びました。祖母にも合うアレンジです。

How to arrange

1

2

1　木箱にセロファンを敷き、見えてもよいように白のフローラルフォームをセット。ガーベラ3本を三角になるようにさす。

2　箱を対角線で半分にし、片方のほぼ三角形をガーベラとスイートピーで、もう一方の三角形をケイトウで埋めるイメージでアレンジする。色のバランスを考えて配置。

花言葉

◆アマリリス　9～5月
アマリリスの花言葉は素晴らしく美しい、誇り、内気、おしゃべり。色別の花言葉はない。

◆アオモジ　12月末～2月
早春に黄色い小花を枝いっぱいにつけることから、花言葉は友人が多い。レモンのような香りがする。

◆ソリダコ　通年
黄色い小さな花が連なって咲いているソリダコ。花言葉は内気、振り向いて、永久。

想う心を伝える

素晴らしく美しい、おしゃべりが大好き、誇りをもって生きている…。そんな知人はアマリリスの花言葉がピッタリなので、花はアマリリスだけのアレンジに。アオモジやソリダコの花言葉も知人を表現しています。

How to arrange

1

2

1 アマリリスの花とつぼみ、葉を分ける。花を前後に一列にさし、間につぼみを入れる。ソリダコ、アオモジで空間を埋めて動きを出す。さらにアマリリスの葉をフロントに一列にさすとアクセントになる。手前のソリダコ、アオモジ、そしてアマリリスの葉は低く配置し、アマリリスを目立たせる。
2 蓋を開けたままラッピングして贈る。

Congratulation

知人のリサイタルのお祝いに

素敵な友人を誇りに思っている。
そんな想いを伝えるアマリリスを
アンティークの木箱にアレンジしました。

アマリリス
アオモジ
ソリダコ

ピアノの発表会、おめでとう

おけいこごとの発表会やプロとして活躍している友人に
「この日を迎えられておめでとう」の気持ちをアレンジ。
辛抱強く練習に励んでいる姿やひとつのことに挑む情熱を
羨ましくも思い、また常に「エール」を送ってきた…。
そんな気持ちも込めました。

花言葉

◆ピンクッション　通年
個性的なアレンジにはよく使われるピンクッション。その花言葉はどこでも成功。

◆カラー　通年
全般の花言葉は、華麗なる美、女性のしとやかさで、花名になっているギリシャ語の「カロス（美しい）」が由来。ピンクのカラーは情熱。

◆秋色紫陽花　9〜11月
花言葉は辛抱強い愛情。初夏に咲いた花がアンティークの色合いに変化した紫陽花。

◆ハラン　通年
花言葉は強い意志。夢に向かって頑張っている人に。

◆ベアグラス　通年
「ベア」は耐えるという意味で、寒さに耐えるが由来。花言葉は物静か。

ハラン
ベアグラス
ピンクッション
カラー
秋色紫陽花

こんな花でも

ピンクッションとカラーをピンクのアマリリスとバラに代えて。アマリリスの花言葉は輝くばかりに美しい。女性に贈られたなら最高に喜ぶ花言葉。ピンクのバラの花言葉は上品、しとやか、感銘。英語では感謝、幸福。

How to arrange　大人の女性を表現した大胆でおしゃれなアレンジ

1

3

2

4

1 ピンクッションを1本ずつ重ねながら放射線状に束ねる。

2 握った手を離さないように、ピンクッションのセンターに秋色紫陽花を入れる。

3 ピンクッションの間にカラーをさしていく。ベアグラスは丸くしたり、長いまま流したりと、全体を見ながらさしていく。

4 ハラン3本は事前に輪につくっておく。輪とそのままのハランを花束を包むように配置する。全体をチェックして、カラーを足したりと調整。

arrangement Point

このブーケのようにスパイラルを組んでいくとき、手で持っている茎が交わる部分を「バインディングポイント」といいます。この点をしっかり握ることが肝心で、ポイントが固定されることで花の位置がずれる心配もありません（p20参照）。

想う心を伝える

発表会やリサイタルという晴れの日を迎えるまでの努力を称賛。そんな想いを花言葉に託しました。ラッピングは、贈る相手の好みなども考慮して選びましょう。個性的でお洒落な人なら黒のストライプのような個性的ラッピングで、落ち着いた方なら下記のようなラッピングをおすすめします。

Congratulation

ゆっくりと静養してください

退院してきた家族や友人に、
元気が出るビタミンカラーでエールを。
ビタミンCが豊富なフルーツも添えて。

花言葉

◆スイートピー　12〜4月
赤のスイートピーの花言葉は、全般と同じで門出、ほのかな喜び。ピンクは繊細、優美、黄色はささやき。

◆シロタエギク　通年
銀白色の葉の色が美しいシロタエギクの花言葉はあなたを支える、穏やか。

◆イチゴ　12〜3月
イチゴの花言葉は尊重と愛情、幸福な家庭。

◆レモン　周年
レモンの実の花言葉は情熱。レモンの強い酸味に由来するともいわれる。

スイートピー
シロタエギク

こんな花でも

白のアネモネの花言葉は期待、希望。ポインセチアは幸運を祈るで、鉢でプレゼントしても。果物ではキウイフルーツは生命力、豊富。

How to arrange　フローラルフォームを花器に見立てて

1

2

3

4

1　オレンジのフローラルフォームを花器の形にカット。

2　フローラルフォームを充分に給水させてから使用する。

3　スイートピーは赤色を多めに、ピンクを混ぜて。黄色は左下に、ピンクをその下にさす。

4　置く場所が濡れないようにお皿に置く。シロタエギクを下方にさす。黄色のスイートピーとシロタエギクがポイントになる。イチゴとレモンを置く。花と繋がるように流れをつくる。

arrangement Point

フローラルフォームを花器に使うことで、いくつかのメリットがあります。まず、スイートピーの茎を短く、こんもりした雰囲気にアレンジできる。また、360度どこから見ても美しく見えるようなアレンジも可能で、側面に花をさす演出もOK。水やりは上面から。

想う心を伝える

退院をした人には、「おめでとう」とともにエールを贈りたいですね。

　スイートピーの花言葉は「門出」ですが、「別離」の意味もあります。「病気にさようなら」、そして元気に向かって第一歩、という意味で選びました。シロタエギクには「あなたを支えます」という、言葉にはできない贈り手の想いを託して。今回はフローラルフォームを花瓶代わりに使い、すべてを元気カラーで統一しました。

　イチゴやレモンは花言葉からというよりも、ビタミンCをたっぷり摂ってほしい想いから選びました。

Congratulation

退院おめでとう!

「愛」の代表であるカーネーションと
「平癒」が花言葉のハランを中心に、
退院のお祝いのアレンジにしました。

カーネーション

ニューサイラン

スキミア

ハラン

How to arrange

1

2

1 フラワーフォームを隠し、かつテーマを印象づけるため花器の中にハランを巻く。ハランのラインを上手く生かすのがポイント。

2 カットしたニューサイランを背面にさし、手前にスキミアを入れ、センターにはカーネーションを。薄いピンクは高さをつけて、濃いピンクは低く前後に配置。

花言葉

◆カーネーション　通年
ピンクのカーネーションの花言葉は温かい心、美しい仕草、感謝。

◆ハラン　通年
平癒以外に強い意志という花言葉をもつハランは、夢をあきらめないで頑張る人にもピッタリ。

◆スキミア　10～12月
つぼみがグリーンのスキミアの花言葉は寛大。

◆ニューサイラン　通年
スッと伸びるからか、花言葉は素直。

想う心を伝える

花器の中で水に浸かったハランはイキイキと見え、病気が快復した人にも、夢をあきらめない人にも元気をくれるアレンジにしました。ピンクのカーネーションが目を惹くように、センターに。スキミアに抱かれるようにアレンジ。

花言葉

◆ブルースター　通年
幸福な愛、信じ合う心という花言葉をもつブルースターは誕生花に最適。

◆ワックスフラワー　通年
気まぐれという花言葉もあるが、可愛らしさ、愛らしい人柄の花言葉で選ぶ。

◆ピットスポラム　通年
花言葉の飛躍をしてほしいという願いを込めて。

◆ゲイラックス　通年
ハートの形をしたゲイラックスの花言葉は柔和、友情。

想う心を伝える

ゲイラックスは赤ちゃんの服、そしてステムを飾る待針はボタンに見たてたアレンジです。ゲイラックスの花言葉「柔和、友情」。温和に優しく、そして友人にも恵まれて育つように、そんな願いも込められています。

How to arrange

1

2

1 ピットスポラムを中心にブルースターを放射状に配す。ブルースターを囲むように、ワックスフラワーを下方に配置。
2 花束を支えるように、ゲイラックスで花束を包む。ステムをギュッと握り、細い紐で縛る。さらにブルーの布で巻き、待針を飾る。

Congratulation

誕生おめでとう

ヨーロッパではブルーは男の子のラッキーカラー。男子誕生のお祝いに使われる色です。

ブルースター

ワックスフラワー

ゲイラックス

ピットスポラム

うれしい便りが…

ご主人が昇進した、お子さんが受験に合格、
私も資格をゲット…。そんなうれしいニュースの日には
玄関やリビングに、モンステラと白のアンスリウムの
アレンジメントが家族を迎えます。
この幸せが長く続きますようにの願いも込めて。

花言葉

◆アンスリウム　通年

アンスリウムは赤やピンク、白、緑など色が豊富で、色別の花言葉もあるが、全般の花言葉は情熱、印象深い。英語の花言葉は温かいおもてなし。白色のアンスリウムの花言葉は熱心、グリーンは無垢な心。仕事や勉強など、何かに熱心に励んでいる方への応援花に最適。

◆モンステラ　通年

うれしい便り、壮大な計画の花言葉から、新築祝いや開店祝いなど門出のプレゼントに相応しい。また、切り込みのある葉を通して差し込む光から希望の意味も。

アンスリウム

モンステラ

こんな花でも

アンスリウムの代わりにアイリスや花菖蒲。花言葉はどちらもよい便り、うれしい知らせ。

アイリスや花菖蒲に合わせる葉物は、トロピカルなイメージがするモンステラより、小ぶりのヤツデがおすすめ。ヤツデの花言葉は分別。物事を正確に判断するという意味で、また日本では「魔を払う縁起のよい植物」といわれる。

How to arrange　360度どこから見ても美しいアレンジに

 1

 2

 3

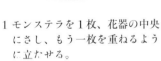

 4

1　モンステラを1枚、花器の中央にさし、もう一枚を重ねるように立たせる。

2　モンステラの外側、花器に沿ってグリーンのアンスリウムを2本さす。

3　2枚のモンステラの間に、アンスリウムのグリーンを2本、白を1本さす。白は少し長めに。

4　白のアンスリウムを花器から仏炎苞が少し出る長さにさし、もう1本の白を2のグリーンのアンスリウムの間に低めにさす。アンスリウムは高低差をつけて。

arrangement Point

モンステラの葉の切り込みを花留にするとアレンジしやすく、崩れる心配もありません。

白のアンスリウム3本は、上から見て三角形になる位置に配置しましょう。そうすることで、どこからでも白のアンスリウムが見えるアレンジになります。

想う心を伝える

白とグリーンだけのシックなアレンジですが、うれしいニュースを届けてくれた方への「おめでとう」という気持ちと、一生懸命に邁進したことへのねぎらう気持ちが、このアレンジには託されています。

また、アンスリウムの英語の花言葉である「温かいおもてなし」が、贈られた人にメッセージとして伝われば、とても素晴らしいですね。

花材を花菖蒲やヤツデに代えた、和モダンなアレンジも素敵です。ヤツデの「八」は末広がりを意味し、「いつまでも幸せに」の願いが伝わります。

卒業、おめでとう！

頑張った昨日までに別れを告げ、
明日から始まる明るい未来に向けて歩み出す。
入学と卒業を祝う花たちでブーケをつくりました。
「おめでとう」と笑顔で渡してください。

花言葉

◆アリストロメリア　通年
花言葉は未来への憧れ。花も
ちがよいことから持続という
花言葉も。赤は幸い。

◆ガーベラ　通年
全般では希望、常に前進。赤
の花言葉は限りなき挑戦、前
向き、白は希望で、未来に夢
のある花言葉だ。

◆スイートピー　12〜4月
全般には門出、別離が花言
葉。ピンクのスイートピーは
繊細、優美、紫は永遠の喜び。

◆キノブラン　通年
白のガクが残ることから、花
言葉はいつまでも変わらない。

◆ユーカリ　通年
花言葉は再生、新生、追憶な
ど。このアレンジには新生が
ピッタリ。

こんな花でも

赤の花をアイリスや青い
カーネーション、青いバ
ラに代えて、ハンサムな
印象のブーケに。アイリ
スは希望、青いカーネー
ションは永遠の幸福、青
いバラは夢叶う。

祝う

How to arrange
バインディングポイントを
しっかり握る

1

2

3

4

1 1本目の1/3のところを
親指と人差し指で握り、2
本目をやや左向きに重ね、
3本目はその間に差し込む。

2 3本を安定させるために、
少し短かめのキノブランを
同じ向きに重ねていく。

3 握っている位置（バインデ
ィングポイント）がずれな
いように握り、花をグルー
ピングしながら同じ向きに
螺旋を描くように重ねてい
く。握っている位置がずれ
ないように両手で支えて半

分回転させ、また同じ向きに
重ねていく。

4 バインディングポイントをし
っかり結束してから、ラッピ
ングをする。

arrangement Point

多くの種類の花を使いボリュ
ームのあるブーケをつくる場
合は、グルーピングして同じ
花を重ねていくことで、アレ
ンジがしやすくなりますし、
個々の花が強調されます。

想う心を伝える

卒業する人も入学する人も、
新しい世界に踏み込むわけ
ですから、希望にあふれて
いるでしょう。その想いを
応援する言葉「未来への憧
れ」「常に前進」「門出」と
いった花言葉をもつ花でア
レンジをしました。

卒業や入学だけでなく、
新しい門出の意味では就職
にも最適のアレンジです。

さらりと渡せる小さなブーケ。

友人へ新築のお祝いに

長年の夢が叶い、友人が家を新築。
シックでセンスのいい家に相応しい、
オレンジと黒でコーディネートした
フラワーボックスを贈ることに。

※ボックスの高さより高く
なるアレンジの場合は、
ボックスの数か所にアレ
ンジの高さにワイヤーを
立て、蓋をする方法が。
ストッパーつきの専用ボ
ックスも市販されている。

花言葉

◆ピンクッション　通年
花の姿が、手芸に使う針をさすピンクッションに似ていることからこの名がついた。花言葉はどこでも成功。針のようなおしべが空に向かって伸びている姿からつけられた。

◆ケイトウ　5〜11月
その姿から気取り屋、おしゃれという花言葉。今回は新築の家と贈る相手がおしゃれなのにちなんでチョイス。

◆スプレーバラ　通年
温かい心、包容力、献身というとてもよい花言葉をもつスプレーバラは、アレンジに使いやすい。

ケイトウ
ピンクッション
ヒペリカム
スプレーバラ

◆ヒペリカム　通年
丸い実のその姿からは想像できないが、花言葉はきらめき、そして悲しみは続かない。後者は花の後に実が残っていることからつけられたとか。元気を出してほしいときのアレンジにも最適。

こんな花でも

ケイトウの代わりにオレンジのカランコエを。幸せを告げる鐘の形のかわいい小花が集合した多肉植物で、花言葉もそれにちなみ幸福を告げる。

How to arrange
黒とオレンジの色でセンスよくアレンジ

 1

2

 3

4

1 ボックスにセロファンを敷き、黒のフローラルフォームをセット。ピンクッションを2か所にさす。
2 ケイトウをさす。ピンクッションと同系色、同フォルムだが、素材の違いでお洒落なアレンジになる。
3 ケイトウとピンクッションの間にできた3か所の隙間に、スプレーバラをさす。
4 さらに隙間にヒペリカムを色合いを見ながらさしていく。全体を眺めて調整する。

arrangement Point

同系色のグラデーションと素材の違いがポイントとなるアレンジです。
スプレーバラとヒペリカムをグルーピングしながら、しかも偏りなく配置するのもポイントです。スプレーバラは、満開とつぼみの間ぐらいの咲き加減がベストです。花の大きさのバランスも大切にアレンジを。

想う心を伝える

新居はどこもここもきらめいていて、とても素敵。そんな様子をヒペリカムに、ここから未来に向けて様々な喜びが生まれてくるようにとの願いは、ピンクッションに代弁させて。贈る相手をケイトウとスプレーバラで表現。ケイトウにはおしゃれな家という意味もあります。

黒のボックスにオレンジの花たちで、モダンなアレンジにしました。

○○さんへ
素敵なあなたに会うのが
楽しみでしたが、もうひとつ
楽しみが増えました。
センス抜群のあなたの家に
遊びに行くことです。

人気の花たちの色別花言葉

明るく、色数も豊富な人気の花たちの
色別花言葉を紹介しましょう。

ポピー

春の風に軽やかに舞う花びら。明るく元気に
してくれるポピーの花言葉はいたわり、思い
やり、恋の予感、陽気で明るいなどです。花
の姿から想像できる花言葉ばかりです。その
由来はギリシャ神話に基づくものもあるよう
です。英語では忘却、眠り、想像力と少し異
なる言葉が並びます。

▷ 色別の花言葉

ピンクの花言葉はないようです。
赤：慰め、感謝　**白**：眠り　**黄色**：英語では
富、成功。

スイートピー

門出、別れ、ほのかな喜び、優しい思い出が
スイートピーの花言葉です。「門出や別れ」は、
スイートピーの花が今にも飛んでいきそうな
蝶に見えることが由来。ですから悲しいより、
新しい世界へスタートという明るい意味です。
英語も門出、別れの言葉、優しい思い出。

▷ 色別の花言葉

赤：門出、別れの春　**白**：ほのかな喜び（ウ
エディングによく使われる）　**ピンク**：繊細、
優美　**黄色**：ささやき、判断する力　**紫**：永
遠の喜び

チューリップ

全般の花言葉は思いやり、博愛。3人の騎士にプロポーズされた美少女は、3人の願いを叶えることができないからとチューリップに姿を変えた、という物語が花言葉の由来に。英語では理想の恋人、名声です。

色別の花言葉

赤：愛の告白、英語では真実の愛、ロマンティックな愛が加わります。　**白**：失われた愛、新しい愛、英語は許しを請う。　**ピンク**：愛の芽生え、誠実な愛、英語は優しさ、思いやり。　**黄色**：望みのない愛、名声、英語は望みのない愛。　**紫**：不滅の愛、英語は王者の風格。　最近よく見かけるようになった**オレンジ**は照れ屋、**緑**は美しい目で、愛とは関係ない花言葉が。

本数による花言葉

バラにはバラ専用の本数による花言葉がありますが、ここで紹介する本数別はどの花にも共通して使えます。

1本 ……… あなたが運命の人です
3本 ……… 愛しています
4本 ……… 一生愛し続けます
6本 ……… あなたに夢中です
8本 ……… 思いやりに感謝
9本 ……… いつまでも一緒に
11本 ……… 最愛の人です
12本 ……… 恋人（パートナー）になって
40本 ……… 永遠の愛を誓います
50本 ……… 永遠
99本 ……… 永遠の愛
108本 ……結婚してください

◆マイナスの意味の本数
　16本…不安な愛　17本…絶望の愛

ガーベラ

全般の花言葉は希望、常に前進。この前向でポジティブな花言葉は、ガーベラが醸し出す明るくて陽気な雰囲気からきているようです。英語の花言葉は上機嫌・元気、美。

色別の花言葉

赤：神秘、英語では情熱、愛情、ロマンス。
白：希望、律義、英語では純粋、純潔。
ピンク：崇高美、英語では感謝、思いやり。
黄色：究極美、親しみやすさ、英語では優しさ、温かさ。　オレンジ：我慢強さ、英語ではあなたは私の太陽、忍耐。

カーネーション

カーネーションは、日本では母の日に欠かせない花として有名ですが、欧米ではパーティや結婚式でもよく使われています。無垢で深い愛という花言葉によるのでしょうか。

色別の花言葉

赤：母への愛、感動、英語ではあなたに会いたくてたまらない。　濃い赤：欲望、心の哀しみ　白：純粋の愛、尊敬、愛の拒絶、英語では可愛くて愛らしい。　ピンク：温かい心、感謝、英語ではあなたを決して忘れない。
黄色：嫉妬、軽蔑といったネガティブに友情、美という花言葉も。英語ではあなたには失望した。　紫：気品、誇り、移り気、英語では気まぐれ。　オレンジ：純粋な愛、清らかな慕情、あなたを愛します　青：永遠の幸福
緑：癒し

よく使う葉物の花言葉

アレンジメントに欠かせない葉物にも花言葉があります。よく使われる葉物の花言葉を紹介しましょう。

タニワタリ

1本でも存在感があるタニワタリはどんな花材にも合います。花言葉は雄々しい、真実の慰め、あなたは私の喜び。

アロカシア

葉の美しい模様が目を引き、個性的なアレンジに最適。姿から別名がグリーンパラソル。花言葉は復縁、仲直り。

ドラセナ

緑と赤色があり、緑は使い勝手がよく、赤色は特に大人のアレンジに重宝されます。花言葉は幸福、幸運。

シロタエギク

白い綿毛に覆われ、全体が銀色に見え、おしゃれなアレンジに欠かせない。花言葉はあなたを支えます、穏やか。

タマシダ

葉のしなやかさを生かし、曲げたり重ねたりと多様なアレンジに活躍。花言葉は愛らしさ、誠実、魅惑、夢、愛嬌。

リキュウソウ

茶花としてよく使われる。茎の上部のツルは、固定したアレンジに動きをつけるときに重宝。花言葉は奥ゆかしさ。

ゴッドセフィアナ

グリーンの葉にある黄色の斑点（白に変わる）が特徴でドラセナの仲間。花言葉は幸せな恋、幸福、秘めたる思い。

リューカデンドロン

葉物ではなく花なのですが、葉物として個性的なアレンジに使われます。花言葉は沈黙の恋、閉じた心を開いて。

ベアグラス

寒さや刈込に耐えることからベア「耐える」という名前に。花言葉の物静かもそこからきたいるのだろう。

レザーリーフファン

丈夫で水揚げもよく、他の花材との相性もよいのでアレンジメントにはよく登場します。花言葉は魅力、魅惑的。

オクラレルカ

アイリスの一種。ピンと伸びた葉の形は勢いがあり、鮮やかなグリーンを生かしてアレンジ。花言葉はよい知らせ。

レモンリーフ

果物のレモンに葉の形が似ていることからこの名が。色も形も使いやすい。花言葉は無邪気、純粋な愛。

ゲイラックス

深い緑と赤褐色があります。ハートにも映る丸い形が可愛いので人気者になりました。花言葉は柔和、友情。

モンステラ

ユニークな葉の形と大きさから個性的なアレンジに登場します。花言葉は壮大な計画（輝く未来）、深い関係。

アイビー

長い状態でも葉だけでもと、いろいろな動きができる貴重なグリーンです。花言葉は永遠の愛、友情、信頼。

テンモンドウ

アスパラガスの仲間。柔らかなグリーンが春のアレンジに最適。透けた感じが清涼感を呼び、花言葉も爽やかな心。

「エール」
応援の気持ちを 花に託して贈ります

新しく始まる人生へ船出をする人に、あるいは
苦しみから抜け出た人へのねぎらい、何かに挑戦をしようとしている人に…。
「頑張ってね」のエールを花に託して伝えます。

Good Luck

花図鑑

「エール」をストレートに伝える花たち

スイートピー

アイリス

ガーベラ

胡蝶蘭

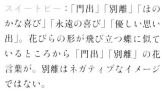

スイートピー：「門出」「別離」「ほのかな喜び」「永遠の喜び」「優しい思い出」。花びらの形が飛び立つ蝶に似ているところから「門出」「別離」の花言葉が。別離はネガティブなイメージではない。
アイリス：「希望」「信じる心」「吉報」「知恵」。未来に向かう花言葉だ。
ガーベラ：「希望」「常に前進」が花言葉。白のガーベラは「希望」「律義」。
胡蝶蘭：「幸福が飛んでくる」は花の形が蝶に似ていることから。

スズラン

レンギョウ

青いバラ

スズラン：春を告げるスズランは北国では喜びの花。「再び幸せが訪れる」という花言葉に。「純粋」「謙虚」も。
レンギョウ：春に黄金に映る黄色の花をいっぱいつけるレンギョウの花言葉は、「希望」「期待」「叶えられた希望」「集中力」。受験生にも最適。
青いバラ：長いこと青いバラは不可能といわれていたが、研究を重ねた結果2009年に誕生。「夢叶う」「奇跡」「神の祝福」と困難を克服した喜びと挑戦する人へエールを贈る花言葉だ。

Congratulation

嫁ぐ娘に幸せエール

嫁ぐ娘に、「幸せになってね」の願いを込めた祝福のブーケです。
「幸せが飛んでくる」という花言葉の胡蝶蘭をメインに、
白とグリーンで統一しました。
ステムをリボンとパールで飾り、華やかさをプラス。

花言葉

◆胡蝶蘭　通年
蝶が舞っているような花の形から「胡蝶蘭」と名づけられる。全般の花言葉は、幸福が飛んでくる、清純。白の胡蝶蘭は純粋、ピンクはあなたを愛します。

◆ドラセナ　通年
最も知られているのは幸福、幸運。品種により開運、長寿の花言葉も。

◆利休草　通年
その名前から日本産と勘違いされがちだが、中国から渡来。花言葉は奥ゆかしさ。

胡蝶蘭　　ドラセナ
利休草

こんな花でも

胡蝶蘭の代わりにユーチャリス。純白の香りも清らかで上品なことから、花言葉は清らかな心、清々しい日々、気品、純心など。嫁ぐ娘に贈る最適な花言葉。

How to arrange

ステムにパールをつけて華やかさを演出

1

2

3

4

1 胡蝶蘭を束ねて持つ。
2 利休草を胡蝶蘭の背面に、扇のように広げて配する。さらに、ドラセナを利休草より低い位置で束ねる。全体を見て胡蝶蘭の位置を調整。花束が崩れないように、白のワイヤーで手元近くを巻いて固定。
3 リボンを下方から巻き、一周するごとに前で結ぶ。結び目と幅は均一にする。
4 パールにワイヤーをつけたものを用意。リボンの結び目の上にさす。

arrangement Point

茎を手で持って束ねるのが難しいようなら、テーブルの上に置いてアレンジを。まずドラセナを、その上に利休草を広げて置き、最後に胡蝶蘭をバランスを見て配置。胡蝶蘭は重ねて前に出るように置くのがポイント。花の位置がずれないように、胡蝶蘭の茎の下部あたりを麻ひもで結びます。

想う心を伝える

華やかで白の色も印象的な胡蝶蘭は、様々なお祝いのシーンで活躍します。母から嫁ぐ娘へのメッセージは「幸せになって」。胡蝶蘭の「幸福が飛んでくる」やドラセナの「幸福」の花言葉は、まさに母の心を代弁しています。胡蝶蘭の華やかなイメージに、利久草で「奥ゆかしさ」を添えました。これも娘を想う母の心でしょう。

○○さんへ
この胡蝶蘭があなたに
たくさんの幸せを
運んでくれますよ。

プラチーナ

カトレア

チランジア

1

2

1 花器にフローラルフォームをセット。フローラルフォームを覆うようにチランジアを敷く。ワイヤーでつくったUピンでところどころを留める。後方と左右にプラチーナを扇のように広げてさす。前は空けておく。
2 カトレアを前に3本さす。カトレアの向きが同じにならないように注意。

Good Luck

初出勤、頑張ってね

希望の会社に就職が叶った娘の初出勤。
「頑張ってね」と言葉でエールを贈る代わりの
アレンジメント。玄関に飾りました。

花言葉

◆カトレア　通年
優美な貴婦人、魅惑的、魔力などの花言葉は、その格調高い姿からランの女王と呼ばれていることに由来。

◆チランジア　通年
エアプランツで水やり不要なことから、花言葉は不屈。

◆プラチーナ　通年
別名はクッションブッシュ。銀色にも見える細い枝を縦横にのばすその姿から、花言葉は律義。

想う心を伝える

ランの女王といわれる気品あるカトレアのアレンジで、娘に自信をプレゼント。「きっとうまくいくわ」という魔力も一緒に。めげずに頑張ってきた娘の「不屈さ」にも、正直で礼儀正しいところも花で表現しました。

花言葉

◆ミニバラ　通年
ミニバラも愛と美の象徴。花言葉は果てしなき愛、無意識の愛、特別の功績。

◆スターチス　通年
花言葉は変わらぬ心。ピンクは永久不変。

◆オリーブ　通年
花言葉は平和、賢さ、勝利、やすらぎ。

◆キノブラン　通年
カスミソウに似ているキノブランの花言葉は、いつまでも変わらない。

想う心を伝える

友達に一番伝えたかったことは「変わらない友情」。キノブラン、スターチスがその願いを代弁し、ミニバラが「愛」、オリーブが訪れてほしい「平和な日々」を伝えます。「頑張れ」という花言葉はありません。

How to arrange

 1

 2

1 オリーブの枝をベースに、キノブラン、ミニバラ、スターチスの順に重ねていく。ミニバラが埋もれないように前に出したりと、ナチュラルに見えるように調整を。
2 ナチュラル感を出すために自然素材のラフィアで縛る。スワッグとして壁に飾っても素敵。

Best Wishes

離婚した友人に
友達だからね

離婚をして一人住まいをはじめた友人。「狭くなったわ」という新しい住まいに飾ってもらおうとアレンジを。
さりげなく見える花を選び、
さりげなくエールを贈ります。

スターチス

ミニバラ

キノブラン

オリーブ

あなたなら大丈夫！

3月、4月は悲喜こもごものドラマが
繰り広げられる季節です。
「あなたなら大丈夫」というエールを
明るいパンジーとともに贈りましょう。

花言葉

◆パンジー　10～5月
全般の花言葉は私を思って、もの思いだが、今回はそれぞれの色の花言葉でアレンジ。紫は思慮深い、黄色はつつましい幸せ。英語の花言葉は陽気、思い出。

◆ツルウメモドキ　9～11月
果実は時間をかけて熟し、その後に種子ができることから大器晩成の花言葉が。また、葉の色が緑→黄色→赤と変化し、この3色は縁起がよい色から開運の花言葉も。

◆エノコログサ　夏
「ねこじゃらし」という別名がわかると、遊び、愛嬌という花言葉にも納得する。

パンジー

ツルウメモドキ

エノコログサ

こんな花でも

パンジーの代わりにサフィニア。ペチュニアに似た花で、暑さや雨にも強く、次々につぼみをつけ花を咲かせ続けることからついた花言葉は咲きたての笑顔。幸せを招くという花言葉をもつフクジュソウも。

How to arrange　フラワーアシストがアレンジをサポート

1

2

3

4

1 木のリースにツルウメモドキを絡ませる。伸びた枝を数か所に出すように、また、実が落ちないように注意して絡ませる。鉢の上にセットし、フラワーアシストをつくる。

2 パンジーをポットから取り出し、土を少し取り去る。たくさんのパンジーを鉢に植え込むため。

3 色合いを見ながら、全体が丸くなるようにパンジーを植え込む。植え込み終わったら水を与えておく。

4 エノコログサをリースに絡ませ、遊び心を演出。

arrangement Point

パンジーを寄せ植えすると葉のボリュームが出すぎるので、葉を適宜に間引きましょう。花が目立ってきます。

想う心を伝える

受験に失敗した、第一志望の会社に就職できなかった…。落胆して落ち込んでいる人には、エールを花に託して贈りましょう。言葉をかけるより、何倍も勇気づけることができます。太陽の日差しを受けて元気に咲く花を見ただけでも、元気が出るはずです。

「思慮深いあなたは大器晩成」といった、贈る相手を想うメッセージも花に添えて贈りましょう。エノコログサで遊び心が伝わります。

退職した主人に「お疲れさま」

定年を前に退職し、新しい道を歩むというご主人に、
「一生青春」のエールを贈るアレンジです。
枝を縦横に自由に伸ばし、堂々と華やかなアレンジに。
玄関や居間に飾りましょう。

花言葉

◆ダリア　7〜10月
全般の花言葉は華麗、英語では威厳。赤は優雅、栄華。オレンジの花言葉はないが、元気の出る色なので門出に相応しい。

◆ドウダンツツジ　4〜10月
花言葉は上品、節制だが、名前の由来は「満点の星のように輝く」という中国の伝説。

◆ケイトウ　5〜11月
おしゃれ、気取り屋、個性が花言葉。

ダリア
ワレモコウ
ドウダンツツジ
ノイバラ
ケイトウ

◆ノイバラ（実）　9〜11月
花言葉は無意識の美。

◆ワレモコウ　6〜9月
秋の花ワレモコウの花言葉は愛慕、移りゆく日々。

こんな花でも

ダリアを菊に代えて。菊全般の花言葉は高貴、高尚、高潔で人格者のイメージだ。赤い菊はあなたを愛しています。

How to arrange
高さと幅のバランスを見て安定感と華やかさを大切に

 1

 2

 3

 4

1 枝を多く使うので、倒れ防止に花器の中に枝で花留を。

2 高さをドウダンツツジで決める。花器の高さに口の幅を足し、その約1.5倍より少し高めを目安に。

3 高さが決まったら横幅を。高さの約2/3の長さに。奥行きは高さの約1/3。高さのあるアレンジでは、枝を前に1本出してバランスをとると安定感が生まれる。ノイバラを加える。

4 オレンジのダリアを不等辺三角形の位置に、赤をそばに一部が重なるようにさす。ケイトウをダリアに添ってさし、ワレモコウを全体に散らす。

arrangement Point
ドウダンツツジで安定感を、ワレモコウで躍動感を、ダリアやケイトウで華やかさを出し、退職後の姿をアレンジでも演出します。

想う心を伝える

ストレートに「エール」の花言葉をもつ花を使用してはいませんが、ドウダンツツジの名前の由来になっている「満点の星が輝く」ような豪華なアレンジにし、退職後をイメージします。

また、上品、優雅、おしゃれを花言葉にもつ花を選んだのは、贈られる相手のご主人をイメージして。そして「いつも慕っています。これからもズーっと」の心を、ノイバラやワレモコウで表現しました。

○○さんへ

「一生青春」のあなたの

第2幕が開きますね。

楽しみにしています。

Good Luck

転職した友人にエール

「自分の道を見つけたみたい」、
そんな言葉で転職を報告してきた友人。
こんどこそは笑顔を見たいと、
「希望」の花言葉を贈ります。

花言葉

◆ミニ胡蝶蘭　通年
蝶に似た花の形から蝶が幸福を運んでくるという。花言葉は幸せが飛んでくる。純粋な愛という花言葉もある。胡蝶蘭も花言葉は同じ。

◆アイリス　10〜5月
メッセージ、希望、友情がアイリスの花言葉。メッセージは吉報とポジティブに。

◆レンギョウ　3〜4月
黄色い花が春の訪れを告げるレンギョウの花言葉は希望の実現、期待、集中力とエールに最適な言葉。

レンギョウ
アイリス
ミニ胡蝶蘭

こんな花でも

オダマキ全般の花言葉は愚かとよくないが、紫は勝利への決意とぴったり。タイサンボクはその堂々とした姿から花言葉は前途洋々。星形の花が咲くペンタスの花言葉は、希望が叶う。

How to arrange　末広がりをイメージするアレンジ

1

2

3

4

1 手に持つ方法でなく置いてアレンジ。枝が末広がりに見えるレンギョウを選ぶ。
2 レンギョウにアイリスを、少し開いて重ねる。
3 ミニ胡蝶蘭2本を高低をつけて　立体的に配置する。葉がハの字になるように置く。アレンジがずれないように、2か所をしっかり縛る。
4 和紙の上に、レンギョウの先が出るぐらいの位置に花束を置く。扇形にダーツをとって末広がりにラッピングをする。

arrangement Point

花を置いてアレンジする場合は、枝や茎の長さ（高さ）は重ねるごとに短く（低く）していきます。このアレンジの中心になるミニ胡蝶蘭が一番手前にきますが、前に出るように置きます。横から見ると全体が三角形になり、ボリュームのあるブーケになります。

想う心を伝える

4月から新しい職場で、夢を実現させようとする友人へ、「希望」「幸せ」の花言葉をもつ春の花を集めてエールを贈ります。今回使ったレンギョウやミニ胡蝶蘭、アイリスはどの花も「希望」「期待」「幸せ」の花言葉をもつ花たちで、ちょっと落ち込んでいる人を励ますのにも最適です。

ラッピングは地模様のある厚手の和紙を使って和モダンに。末広がりの扇をイメージして包みました。

○○さんへ
これから歩く道の両側には
あなたを応援する
花たちが待っています。

花言葉

◆カーネーション　通年
ピンクのカーネーションの花言葉は温かい心、感謝、上品、美しい仕草。

◆カスミソウ　通年
花言葉は無邪気、清らかな心、幸福、親切、感謝。

◆マーガレット　12〜5月
恋占いや真実の愛などの花言葉で知られるマーガレットには、信頼という花言葉もある。

◆ドラセナ　通年
花言葉は幸運、幸福。

想う心を伝える

エールの言葉はありません。女性がうれしい花言葉をもつ大人色のピンクのカーネーションを選び、エールに。「幸運」「信頼」「感謝」という素敵な言葉の花を添えて、友人に元気を出してほしい、いつも感謝していますをさりげなく伝えます。

How to arrange

 1

 2

1 カーネーションを1本手に持ち、斜め、斜めに同方向に重ねて組んでいく。カスミソウを間に入れ、マーガレット、カスミソウ、カーネーションをバランスを見ながらラウンドにアレンジ。

2 半分に折ったドラセナを1周させ、バインディングポイントをしっかり縛る。

マーガレット

カーネーション

カスミソウ

ドラセナ

Be happy

幸せになってね

落ち込んでいる友人に、
日頃の感謝とエールを贈ります。

90

ローズマリー

ヒペリカム

パセリ

ワックスフラワー

アイビー

ブルーのバラ

息子の
合格祈願を託して

明日受験する子供に無言のエールを贈ります。
夕飯の食卓に飾る花は、サラダのように
グリーンを中心にアレンジを。
「夢叶う」というブルーのバラを添えて。

How to arrange

1 パセリとローズマリーは水を入れたボールに浸けて水揚げを。
2 フローラルフォームをセットしたカップにワックスフラワーをグルーピングして3角形になる位置にさす。
3 ヒペリカムは高い位置に、間を埋めるようにパセリやローズマリーをさし、アイビーをアクセントに入れる。

エール

花言葉

◆パセリ　通年
古くから薬効のあるハーブは生活に取り入れられてきた。花言葉は勝利、役に立つ知識、祝祭。

◆ローズマリー　通年
思い出、記憶、静かな力強さ、誠実などの花言葉。「記憶」はローズマリーを身につけると記憶力がよくなるといわれていたことに由来。

◆アイビー　通年
花言葉は永遠の愛、友情、信頼など。このアレンジでは母の永遠の愛を表現。

◆ワックスフラワー　通年
花言葉は愛らしい人柄、まだ気づかれない長所など。

◆ヒペリカム　通年
いくつかの花言葉の中できらめきをチョイス。

◆ブルーのバラ
これはプリザーブドフラワーだが、研究の結果、やっと誕生した生花の青色のバラの花言葉は、夢叶う、奇跡、神の祝福。

想う心を伝える

受験日前日の「頑張ってね」の言葉は、受験生には禁句かもしれません。言葉を花に変えてエールを。食卓上ですから、大きなアレンジは避け、グリーンを中心のさりげないアレンジで。アイビーは母の強い愛の代弁者です。ワックスフラワーやヒペリカムは子供を表現。そして、ブルーのバラには合格への強い願いが込められています。

縁起のよい花で合格アレンジ

女子に
マーガレットで
心も癒されて

マーガレット

「花が落ちない」ことから
縁起のよい花に

マーガレットの花言葉は「恋占い、真実の愛、信頼」。そこからきたのでしょうか、花びらを一枚一枚取って、胸をドキドキさせながら「好き、嫌い、好き」を繰り返す「恋占い」でも知られる花です。

そのマーガレットが「受験生に縁起のよい花」として取り上げられたのは、「花が落ちない」というマーガレットの珍しい特徴からだそうです。受験生にとり「落ちる」は禁句です。マーガレット＝合格と考えられるようになったのでしょう。

女性が好きな花のひとつラナンキュラスも受験生に縁起のよい花とされています。受験シーズンの早春に、大きく豊かな花を咲かせることからだそうです。

マーガレットとラナンキュラスで最強のアレンジに。

How to arrange

1 カゴにフローラルフォームをセット。マーガレットの葉の部分を切り分けて、フローラルフォームを覆うようにさす。

2 葉の間に花とつぼみをさしていく。つぼみはカゴからはみ出すようにさし、アレンジに動きをつける。マーガレットが白色なので、キャンディーは包装紙に色があるものを選び、目や心にも華やぎを。

受験ゲンカツギの筆頭は昔から「カツ」と決まっていましたが、最近は、
マーガレットやクリスマスローズなどの花が受験生にとり縁起のよい花として
注目されています。縁起がよいだけでなく、花は勉強疲れを癒してくれます。
そして気分転換にもなるキャンデーなどを添えて、受験生にエールを贈りましょう。
２通りのアレンジを紹介します。

クリスマスローズは
学力アップと合格を約束？

クリスマスローズの名前の由来は、クリスマスシーズンにバラのような花を咲かせることからだそうです。花言葉は「私の不安をやわらげて、慰め」。不安いっぱいの受験生の心を代弁する花なのですね。

　そんなクリスマスローズが受験生にとり縁起のよい花としてクローズアップされたのはなぜなのでしょう。それはクリスマスローズの形態にあります。花びらと思われているのはガクで、ガクの形が５角形。花はガクの中心部にあります。花が落ちてもガクは落ちないことから「ガク＝学力」が落ちないと。また、５角形は「合格」に通じるとも。気分転換にもなるお菓子を添えて勉強部屋に。

縁起のよい花

ハナビソウ

ジンチョウゲ

レンギョウ

 How to arrange

1

2

1 カゴの運転席にあたる前部分にはセロファンを敷かないで、後方部分に敷いてフローラルフォームをセット。フローラルフォームを覆うようにクリスマスローズの葉をさす。

2 白からグリーンに変わるクリスマスローズの色を生かして、また花の向きやつぼみも考えてアレンジを。カゴの前部分にお菓子をセットする。

エール

男子に
クリスマスローズで
学力アップ

クリスマスローズ

新しい世界への旅立ち

入学、就職だけでなく、人生には
夢をかけて新しい世界へ羽ばたくチャンスが
いろいろとあるでしょう。
夢に挑戦するあの人に贈るブーケです。

花言葉

◆スイートピー　12〜4月
スイートピーの花言葉は門出。新しいことへのチャレンジに相応しい花言葉。赤は門出、紫は永遠の喜び、ピンクは優美、繊細、白はほのかな喜び。

◆ラナンキュラス　12〜5月
女性のほとんどが贈られるとうれしい花。その花言葉もとても魅力的、光輝を放つ、あなたの魅力に目が奪われる。

◆アレカヤシ　通年
元気、勝利といったポジティブな花言葉だ。

スイートピー
アレカヤシ
ラナンキュラス

こんな花でも

男性に贈るには、スイートピーを白や紫を中心にし、ラナンキュラスをハボタンに代えて。小さくておしゃれなハボタンをチョイス、花言葉は祝福、物事に動じない。

How to arrange　どの花も見えるようにアレンジを

1

2

3

4

1　一番背面にくるアレカヤシを手に持つ。
2　白と薄いピンクのスイートピーの花がアレカヤシの葉全体に広がるようにアレンジ。
3　目を引くところ（フォーカルポイント）に2色のラナンキュラスを高低をつけて配置。紫や赤のスイートピーをアクセントになる位置に。すべての花が見えるようにアレンジ。
4　パープルブルーと透明のラッピングペーパーで花が見えるように包む。

arrangement Point

手に持ってアレンジする花束ですが、一番背面にくる花材がアレカヤシのようにしっかりとした支えになる葉物ですと、アレンジしやすいです。正面がゴージャスに見えるようにするのがポイントですから、どの花も見える向きに持って、チェックしながらアレンジしてください。

想う心を伝える

今回使ったスイートピーもラナンキュラスも冬を乗り越えて明るい季節の到来を告げてくれる花で、新しい世界に飛び出す人へのエール花として最適といえるでしょう。もちろん花言葉も素敵で、贈られた人もきっとうれしくなるはずです。

「明るい未来」という花言葉をもつムスカリで、小さなブーケもつくりました。ただムスカリには「失望、絶望」というネガティブな花言葉もあるので注意を。

「LOVE」
愛する気持ちをさりげなく
伝えるアレンジメント

親子愛、夫婦愛など「愛」にもいろいろありますが、
プロポーズ、結婚記念日、バレンタインなど、
ここではふたりの愛を取り上げました。

そばにいてくれてありがとう

花図鑑

「LOVE」をストレートに伝える花たち

チューリップ

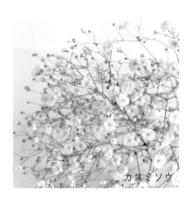
カスミソウ

ラナンキュラス

マーガレット

チューリップ：「思いやり」。英語では「理想の恋人」。赤は「恋の告白」、ピンクは「愛の芽生え」「誠実な愛」。

カスミソウ：全般では「無邪気」「清らかな心」「幸福」「感謝」だが、英語では「永遠の愛」「清らかな心」。

ラナンキュラス：全般では「とても魅力的」「光輝を放つ」だが、英語では「あなたの魅力に目を奪われる」。プロポーズに最適。

マーガレット：「恋占い」「真実の愛」「信頼」、英語では「秘密の恋」。

ヒマワリ

ヒマワリ：「あなただけを見つめる」「愛慕」の花言葉は、ヒマワリが太陽神アポロンに恋して見つめ続けた少女の化身という説から。

ブーゲンビリア：「あなたは魅力に満ちている」「あなたしか見えない」「情熱」とまさに情熱的な花言葉が並ぶ。

カーネーション：全般では「無垢で深い愛」。オレンジは「純粋な愛」「あなたを愛します」「清らかな慕情」、緑は「癒し」「純粋な愛情」。

ブーゲンビリア

カーネーション

※バラはp110参照

結婚して30年、ありがとう

結婚30年はパール婚。子供たちは独立し、
2度目の新婚を迎える記念日です。
でも昔の新婚とは少し違う、あらためての門出。
30年の感謝を込めて、テーブルに飾るアレンジです。

花言葉

◆バラ　通年
バラ全般の花言葉は愛、美。ピンクのバラはしとやか、上品、感謝、温かい心の花言葉をもつ。

◆ブルースター　通年
幸福な愛、信じ合う心という花言葉はまさにピッタリ。

◆カスミソウ　通年
花言葉は幸福、親切、感謝。英語では永遠の愛。

◆アイビー　通年
他の樹木や岩などにそって成長することから、結婚、誠実、永遠の愛、友情という花言葉が。英語では夫婦愛が加わる。

ブルースター　真珠のガーランド　アイビー
カスミソウ　バラ

こんな花でも

バラの代わりにピンクのチューリップやガーベラ。チューリップの花言葉は愛の芽生え、誠実な愛でどちらもピッタリ。ガーベラの花言葉は感謝。

How to arrange　真珠のガーランドで30周年を表現

 1

 2

 3

 4

1 花器にフローラルフォームをセット。アイビーはフローラルフォームを隠すように、また、スワンを模った花器なので、スワンの羽ばたきをイメージするように動きをつけてアレンジ。

2 バラをセンターに３本さす。

3 ブルースターをグルーピングして、バラを囲むように３か所にさす。カスミソウは全体に散らす。最後に真珠のついたガーランドを飾る。

4 別の花器に、アイビーとカスミソウをさす。

arrangement Point

テーブルに飾るアレンジですので、背の低い器を選び、低くアレンジします。今回は仲のよい夫婦の象徴としてスワンの器を花器に使用。スワンの動きをアイビーで表現すると、アレンジにストーリーが生まれ、イキイキと映ります。

想う心を伝える

「愛」「感謝」「幸福」の花言葉の花を集め、また、今回は結婚30年の真珠婚向けのアレンジでしたので、パールのガーランドを使用しました。25年なら銀婚式ですからシルバーの器を花器に使用するといった、何か記念年に相応しいものを加えると、より想いが伝わることでしょう。

テーブルに飾る場合は、アレンジの近くにカードを添えることも忘れずに。

○○さんへ

愛する気持ちは私のほうがあなたより強い。これが30年間の私の自慢です。

デルフィニウム

ホワイトスター

スターチス

ピットスポラム

ラムズイヤー

結婚記念日に感謝を込めて

毎日が平穏で幸福をかみしめている日々。
そんな気持ちをブーケに託し、
結婚記念日に玄関に飾りました。

How to arrange

1

2

1 デルフィニウムを手に持ち、そのまわりにピットスポラムを放射線状に配す。デルフィニウムより低く。

2 ピットスポラムの間にホワイトスターをさし、下方にスターチスをバランスよく配置。外側にラムズイヤーを1周させる。ブーケ用花器にもなるホルダーにさすと飾ることもできる。最後にラッピングを。

花言葉

◆デルフィニウム　通年
デルフィニウムの花言葉は高貴、清明など。

◆ホワイトスター　通年
5枚の花弁が星に見えるホワイトスターの花言葉は信じ合う心、幸福な愛。

◆スターチス　通年
ドライになっても花色があせないことから、花言葉は変わらぬ心。ピンクのスターチスは永久不変。

◆ピットスポラム　通年
花言葉は飛躍。

◆ラムズイヤー（葉）　通年
シルバーリーフが特徴のラムズイヤーの花言葉はあなたに従います。

想う心を伝える

デルフィニウムとホワイトスターはウエディングブーケでも人気の組み合わせ。スターチスの「変わらぬ心」やラムズイヤーの「あなたに従います」は贈り手の心を表現しています。

花言葉

◆スズラン　2〜6月
清楚で可憐な花スズランは、明るい春を告げてくれる花。再び幸せが訪れるという花言葉も、そこからきている。英語の花言葉も同じ。純粋、謙虚といった花言葉も。

◆ブルースター　通年
ミルキーブルーの可愛い花を咲かせるブルースターの花言葉は幸福な愛、信じ合う心。

How to arrange

上部が薄く、下部が厚くなる形がきれいに見える。

1

2

1　スズランの葉の上にスズランの花を置く。下方にブルースターを置き、さらにブルースターの葉を、ブーケを支えるような位置に置く。動かないようにフローラルテープで巻く。
2　水を含ませたティッシュかコットンを巻き、ラップで覆ってからフローラルテープを巻く。

L
O
V
E

Happy!

二人の幸せの象徴として

結婚記念日にあるいは結婚する人へのお祝いにさりげなく贈れるミニブーケ。コサージュとしてつけても素敵です。

ブルースター

スズラン

101

12本のチューリップで愛を告白

「愛」と「幸せ」の花言葉をもつ花のみでつくったので、
最強のプロポーズブーケといえるでしょう。
花たちがあなたをきっと応援してくれるはずです。

花言葉

◆チューリップ　12〜4月
全般の花言葉は思いやり。英語では理想の恋人。赤のチューリップは愛の告白。英語ではロマンティックな愛、私を信じて。本数でも花言葉が異なる。12本は恋人になって、奥さんになって。プロポーズに最適。

◆カスミソウ　通年
花言葉は清らかな心、幸福。

◆マーガレット　12〜5月
恋占いの花としても知られているマーガレットの花言葉はずばり恋占い。他に真実の愛、信頼の花言葉も。

チューリップ　ドラセナ
マーガレット
カスミソウ
ドラセナ

◆ドラセナ　通年
ドラセナはいろいろな種類があるが、どれにも共通するのは幸福、幸運。幸せの葉物としてよく使われる。

◆
こんな花でも

チューリップの代わりに赤いバラや赤のゼラニウム。赤いバラの花言葉はあなたを愛しています。赤のゼラニウムはきみがいて幸せ。プロポーズに最適な花言葉だ。

How to arrange
丸い形にアレンジ。トップはフラットに

 1
 2
 3
 4

1 12本のチューリップの、花
:
2 頭から計って約1/3のところをしっかり握る。ドラセナでチューリップを囲む。

3 マーガレットでドラセナを囲む。開花した花とつぼみの高さやバランスを考えて配置。マーガレットより低い位置にカスミソウをアレンジする。

4 くるりと巻いてホチキス留めしたドラセナでひと回り囲む。すべての茎をまとめ、紐で束ねる。紐をクロスさせるとしっかり縛れる。

arrangement Point

12本のチューリップは愛のメッセンジャーなので、1本1本の顔がきれいに見えるように束ねるのがポイントです。また、ドラセナはチューリップを守るように少し高く、マーガレットやカスミソウはサポート役ですから、チューリップより低くアレンジします。

想う心を伝える

プロポーズの花といえばバラです。1本から愛の告白に使われますね。でも、プロポーズの相手がとても可愛い女性なら、チューリップをおすすめします。チューリップ全般の花言葉「思いやり」や英語の花言葉「理想の恋人」も、とてもいいですよね。

センターに12本のチューリップをまとめ、愛を告白。ドラセナやカスミソウ、マーガレットが「きっと幸せになる」と告白をサポートするかのよう。こんな花束をさし出されたら、つい「YES」と答えてしまいそうですね。

ドラセナ

ブーゲンビリア

ブバリア

Proposal

ブーゲンビリアで
情熱的に告白

情熱的な花言葉をもつブーゲンビリアをレイにアレンジして、
愛を告白。ブバリアの優しいブーケを添えて。

花言葉

◆ブーゲンビリア　3〜10月
南国の花ブーゲンビリアの花言葉は情熱、魅力、あな
たしか見えない、ドラマチックな恋と全般に情熱的で、
プロポーズに最適。赤は情熱的、あなたしか見えない
が強調される。花と思われるのは「苞」で、白い小さ
な花は苞に包まれている。

◆ブバリア　通年
ピンクの花が可愛い花言葉は交流、幸福な愛、夢。

◆ドラセナ　通年
葉物としてよく使われるドラセナの花言葉は幸福、幸運。

想う心を伝える

ハワイのレイで使われるプルメリアや
オーキッドもプロポーズにおすすめ。
プルメリアの花言葉は「輝いている、
愛情」。オーキッドの花言葉は「愛、
美」。ヨーロッパでは恋愛を引き寄せ
るまじない花といわれています。

How to arrange

 1

 2

1 ブーゲンビリアの花（苞）の茎の部
　分を細いワイヤーで2〜3回巻いて、
　一個ずつ繋げていき、レイをつくる。
　たくさんのブーゲンビリアがあれば、
　ワイヤーを苞に直接さしても大丈夫。
2 ドラセナは丸めてホチキスで留めて
　おく。ブバリア3本ぐらいを手に持
　ち、ドラセナで周りを囲む。

11本のヒマワリが
想いを伝える

プロポーズは女性から男性にしてもいいですよね。
男性には11本のヒマワリのアレンジで、
「私はあなたを見つめている」を伝えます。

How to arrange

ヒマワリ

キノブラン

1

2

1 5輪のヒマワリを、一番下の位
　置に四方見で短くさす。2本の
　ヒマワリで高さを決める。2本
　は背中合わせにさす。
2 上下のヒマワリの間に4輪のヒ
　マワリを四方見でさす。ヒマワ
　リの隙間にキノブランをさす。

LOVE

花言葉

◆ヒマワリ　6～9月
太陽に向かって真っ直ぐに茎を伸ばすその姿から、
花言葉は私はあなただけを見つめている。光輝、
愛慕、あなたを幸福にする、という花言葉も。本
数による花言葉もあり、プロポーズには3本の愛
の告白か11本の最愛が相応しい。

◆キノブラン　通年
ドライフラワーになっても変わらない特徴から花
言葉はいつまでも変わらない、誠実、変わらない
思い。

想う心を伝える

「あなただけを見つめています」という
ヒマワリの花言葉が伝わるように、ヒマ
ワリの顔がどこから見ても真っ直ぐに見
えるようにさすのがポイントです。キノ
ブランの白さが、ヒマワリの色をさらに
鮮やかに見せます。

Valentine

バレンタインは幸せを運ぶ花で

「私を想って」と秘めた想いを伝える
バレンタインに相応しい花をチョイスし、
春を招く明るいアレンジにしました。

花言葉

ヒヤシンス

四葉のクローバー

パンジー

◆パンジー　10〜5月
人の顔に似て、下向き加減の様子が思索にふけっているように見えることから、フランス語の「思想」を意味する花名がついた。花言葉のもの思いもこの姿に由来。私を思ってという花言葉もある。色別では紫は思慮深い、白は温順、黄色はつつましい幸せ。

◆ヒヤシンス　12〜4月
白のヒヤシンスの花言葉は控えめな愛らしさ、心静かな愛。英語では愛らしい、あなたのために祈ります。

◆四葉のクローバー　通年
四葉のクローバーを見つけたら幸運が訪れるという言い伝えは西洋から。英語の花言葉は私を想ってください、私のものになってなど、秘めた想いを伝える。

こんな花でも

花言葉があなたの虜という桃の花。桃の花は他にも天下無敵、気立てのよさという花言葉が。

How to arrange
明るい色合いで動きをつけたアレンジを

 1    2

 3    4

1 吸水したフローラルフォームの上部に、深さ約2cmの窪みをつくる。置く場所が濡れないように、底4か所に、ワイヤーをしたパールの足をつける。

2 園芸用四葉のクローバーの土を落として根を洗い、根っこごと窪みに配置。

3 ヒヤシンスをグルーピングして、左右3カ所にさす。パンジーを右側にグルーピングしてさし、さらにフローラルフォームの側面に流れをつけてさす。側面にさすときはUピ

4

ンを使用。最後にチョコレートを飾る。

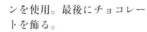
arrangement Point

吸水済のフローラルフォームは4面に花をさすことができるので、どこから見ても美しい流れるラインをつくるなど、アレンジに上手に生かしたいですね。側面を使うときはUピンを活用してください。

想う心を伝える

下向き加減のパンジーは、「あなたを密かに想っています」という贈り主自身なのかもしれません。思慮深い贈り主は、「愛の告白を簡単にはできない」と。「愛」をとても大切に思っているのでしょう。ヒヤシンスはそんな贈り主の「静かな愛」を語っていますが、四葉のクローバーは知っています。贈り主の心の奥底にもつ秘めた熱い想いを。

桃でアレンジするなら、フローラルフォームは白で。マーガレットを加えて、若さと爽やかさをアピールし、カジュアルな感じで贈りましょう。

最大級の祝福を女王に託して

ユリの女王「カサブランカ」が祝福を代弁。
日本風の儀式スタイルを取り入れて
風呂敷に幸せを包んで届けます。

◆カサブランカ　通年
ユリの種類は100種類以上の原種があるといわれるが、その中で「ユリの女王」と称されるのがカサブランカ。美しく凛とした姿から高貴、威厳、祝福という花言葉が。結婚のお祝いに相応しい、祝福という花言葉を選んで贈る。

◆ミニ胡蝶蘭　通年
蝶のような姿をした胡蝶蘭。その姿から花言葉は幸福が飛んでくる、清純。白の胡蝶蘭は純粋という花言葉が。やはり、結婚のお祝いにピッタリの花だ。

ミニ胡蝶蘭

カサブランカ

◆

こんな花でも

カサブランカの代わりにピンクのスカシユリを。花言葉は注目を浴びる、飾らぬ美。上を向いて咲く特徴がある。純粋、再び幸せが訪れるが花言葉のスズランを添えて。可愛いアレンジになる。

How to arrange　風呂敷でラッピングする

1

2

3

4

1　横長の花器を用意。風呂敷の中心に置き、長い2辺は3つぐらいの山をつくってたぐり寄せる。

2　短い2辺は折って、クリップで崩れないように留める。左右をそれぞれ結ぶ。

3　花器にフローラルフォームをセット。フローラルフォームを隠す目的と、カサブランカが大きいので安定をよくするために、カサブランカの小さめの葉を敷く。

4　カサブランカを左に寄せて、

四方見でさす。胡蝶蘭は右側に配置。園芸用なら土を落とし、水洗いしてさすように。胡蝶蘭の足元にカサブランカのつぼみと葉をアレンジ。

arrangement Point

カサブランカは上を向かせ、隙間をつくらず、どこから見ても美しく見えるようにアレンジするのがポイント。

想う心を伝える

風呂敷に包んで渡すことが、このアレンジのひとつの特徴でもあります。風呂敷に包むことは「幸せを包む」ともいわれていますから、結婚のお祝いにはピッタリといえるでしょう。

　だからこそ、風呂敷の柄や色への心配りも大切になります。今回使った風呂敷の柄は椿。「謙虚な美徳、控えめなすばらしさ」という椿の花言葉は素敵なのですが、椿の花は首からぽとりと落ちるので、昔は武士からは嫌われていました。でも茶席では最高の花とされ、また人気の高い花でもあります。

　使う花と連動させて柄を選ぶのもいいですね。

LOVE

バラにフォーカス
Rose

花言葉が一番多いバラにフォーカス。
色別・本数別の花言葉を紹介します。

「愛と美の象徴」といわれる そのわけは？

　バラをプレゼントされると、何故か心がときめいてしまいます。バラは愛と美の象徴といわれているからでしょうか。ギリシャ神話によると、愛と美を司る女神がギリシャのキプロス島の海から誕生したとき、大地はそれに対抗し、その神と同じ美しさをもつバラを誕生させたといわれます。だからバラは愛と美の象徴なのでしょう。

　また、バラはどの花よりも多くの花言葉をもちます。とにかく色の違いによる花言葉は約15、つぼみやトゲまで花言葉がありますから驚きです。ちなみにトゲの花言葉は「不幸中の幸い」。

主な色別の花言葉

◆**赤**：「あなたを愛しています」「愛情」「熱烈な恋」「美」「美貌」「情熱」
　愛する人への誕生日やプロポーズの贈り物が一番似合います。つぼみの花言葉は「純潔」「純粋な愛」「あなたに尽くします」。

◆**濃紅色**：「死ぬほど恋焦がれています」「内気」「恥ずかしさ」

◆**白**：「私はあなたに相応しい」「相思相愛」「純潔」「清純」「深い尊敬」
　ブライダルフラワーとして人気が高く、プロポーズにも使われます。つぼみの花言葉は「愛するには若すぎる」「少女時代」。

◆**ピンク**：「恋の誓い」「しとやか」「上品」「感謝」「温かい心」「可愛い人」
　優しい人をイメージする花言葉。友人やお世話になった方に贈りたい。

◆**黄色**：「友情」「献身」「平和」「あなたを恋します」
　バラの中でもイメージが異なる花言葉ですが、友好的なメッセージには相応しい。ただ、「嫉妬」「不貞」のようなネガティブな花言葉ももっています。

◆**紫**：「誇り」「気品」「尊敬」「エレガント」
　紫は気品が感じられる高貴な色。目上の人への贈り物として最適です。

◆**オレンジ**：「無邪気」「魅惑」「絆」「信頼」
　オレンジ色がもつ温かさからきた花言葉。友人や元気になってほしい人に贈りたい色。

◆**青**：「夢叶う」「奇跡」「神の祝福」「喝采」
　自然界にはなかった青のバラが誕生したことからついた花言葉。応援や祝福に相応しい花言葉です。

◆**緑**：「希望をもち帰る」「穏やか」
　フレッシュグリーンの爽やかな色も人気で、誕生日や手土産に喜ばれます。

Pink rose

1000本まである花言葉

　バラの本数による花言葉は1本から1000本まであり、もちろん、抱えきれないほどのバラをプレゼントされれば夢心地になってしまうでしょうが、「あなたに目惚れ」という花言葉を知れば、1本でも強いインパクトがあり、心が揺さぶられるでしょう。

本数による花言葉

1本	「あなたに一目惚れ」「あなたしかいない」
2本	「この世界はあなたと私の二人だけ」
3本	「愛しています」「愛の告白」
4本	「死ぬまであなたへの気持ちは変わりません」
5本	「あなたに出会えてとても幸せです」
6本	「お互いに敬い、愛し合いましょう」 「あなたに夢中」
7本	「ひそかな愛」「ずーっと好きでした」
8本	「あなたの思いやりや励ましに感謝します」
9本	「いつも一緒にいてください」
10本	「あなたは完璧、とても素敵です」
11本	「最愛」
12本	「私とつき合ってください」 「日ごとにあなたへの愛が深まります」
13本	「永遠の友情」
14本	「誇り」「誇らしい」
15本	「ごめんなさい」
16本	「あなたの愛に不安」「落ち着かない愛」
17本	「絶望的な愛」
18本	「誠実な告白」
19本	「忍耐」
20本	「私の愛」
21本	「あなただけを見ています」
22本	「あなたの幸運を祈ります」
24本	「ずっと想っています」
25本	「あなたの幸せを祈っています」
30本	「ご縁があることを信じています」
40本	「真実の愛」「死ぬまで変わらぬ愛」
50本	「永遠」「偶然の出会い」
99本	「永遠の愛」「ずっと好きだった」
100本	「100％の愛」
101本	「これ以上ないほど愛しています」
108本	「結婚してください」
365本	「毎日あなたが恋しい」
999本	「何度生まれ変わってもあなたに恋します」
1000本	「1万年の愛を誓います」

12本のバラのストーリー

　バラの本数でよく知られているのが「12本」。12本の花言葉は「私とつき合ってください」ですから、プロポーズにピッタリですが、それだけではありません。12本のバラには、情熱・愛情・感謝・希望・永遠・幸福・努力・尊敬・誠実・信頼・栄光・真実など、12の大切な想いがつまっているといわれ、結婚式のブーケにも使われます。

ネガティブな花言葉

　15本の「ごめんなさい」から17本まではネガティブな意味の花言葉になっているので、贈る際には気をつけてください。ただ、15本のバラのアレンジは謝罪を伝える想いとして本書でも紹介しています。

「偲ぶ」「お詫び」
想う心を素直に花言葉に託します

亡くなった人を偲ぶ仏花も、想う心を花言葉に託してアレンジを。
ちょっと言いづらい「ごめんなさい」も
言葉に花を添えれば、きっと心が伝わるでしょう。

Memories Apologize

花図鑑

「偲ぶ」「お詫び」をストレートに伝える花たち

バラ

カンパニュラ

グラジオラス

バラ:「愛」と「美」の花言葉が多い中で、白のバラには「深い尊敬」という花言葉が。故人を偲ぶ花として。

カンパニュラ:「感謝」「誠実」。故人への想いを表現。

グラジオラス:「密会」「思い出」「忘却」。心寄せていた人へ、花を通して密かに語る。そんな想いを表現。

ヒヤシンス:紫のヒヤシンスは「悲しみ・悲哀」「初恋のひたむきさ」。英語では「ごめんなさい」「許してください」で、謝罪の花言葉になる。

ヒヤシンス

クリスマスローズ

クリスマスローズ:「私の不安を和らげて」「慰め」という花言葉は、「あなたへの私の罪の意識を和らげてください」というメッセージにも。

キンセンカ:「別れの悲しみ」「悲嘆」「寂しさ」。失なったばかりのときに抱く悲しみが代弁される花言葉だ。

ポピー:「思いやり」「いたわり」、英語は「忘却」「眠り」。白のポピーは「眠り」「忘却」、赤は「慰め」「感謝」。赤は華やかだが、「偲ぶ」にも使える。

キンセンカ

ポピー

たくさんの思い出をありがとう

故人を偲び、想いを寄せるお供え花。
白とグリーンが中心ですが、
華やかさも感じられるアレンジにしました。

花言葉

◆ダリア　7〜10月
白のダリアの花言葉は感謝、豊かな
愛情。結婚式のブーケにも使われる。

◆トルコキキョウ　通年
白のトルコキキョウは思いやり、永
遠の愛。結婚式にも使われる。

◆カスミソウ　通年
英語の花言葉は永遠の愛。

◆モンステラ　通年
英語の花言葉は献身。

◆ミスカンサス　通年
変わらぬ思い、心が通じる。

トルコキキョウ　ダリア　ミスカンサス
モンステラ　カスミソウ

こんな花でも

トルコキキョウの代わり
に、尊敬という花言葉が
相応しければ白のカーネ
ーションを。ただし、白
のカーネーションには愛
の拒絶というネガティブ
な花言葉もある。

How to arrange　大輪のダリアで
華やかなアレンジに

1

2

3

4

1 モンステラを2本、両手を広げ
　たようにさす。右にくるモンス
　テラは少しだけ高くなるように。

2 ダリア3本を中央に、少し高さ
　をつけ、正面を向くようにさす。
　ダリアの周りに、トルコキキョ
　ウを配置する。右側には配置し
　ないように。ダリアが2本ある
　ので、重い感じになるから。

3 ミスカンサスを何本か束ねてル
　ープ状にし、ホチキスで留める。
　花の周辺にさす。

4 カスミソウを右側と左側に、下
　方に向けてさす。パールをあし
　らったミスカンサスをセンター
　に飾る。

arrangement Point

ミスカンサスにパールを
つける前に、ミスカンサ
スを指先に挟んでしごい
ておくと、パールの重み
できれいなカーブができ
ます。パールはボンドで
留めましょう。

想う心を伝える

優雅や気品といった素敵な
花言葉の一方では、移り気、
不安定といったネガティブ
な花言葉があるダリアです
が、このアレンジでは白の
ダリアがもつ「感謝」「豊
かな愛情」の花言葉を生か
して、豊かな愛情で育てて
くれた故人に、「ありがとう」
の想いを込めました。

　カスミソウ、トルコキキョ
ウ、ミスカンサスなどで
その想いをさらに強めて、
アレンジしました。

絵ロウソクを添えて。

偲ぶ

115

ユーカリ

グラジオラス

カンパニュラ

ポピー

レースフラワー

1 グラジオラスでアレンジの高さ
を決める。花器の1.2〜1.5倍。
ポピーを高低をつけて左側にさ
し、つぼみは高い位置に。

2 ユーカリは2等辺3角形をイメ
ージしてさし、カンパニュラは
右側にグルーピングしてさす。
レースフラワーを下方に、花の
間にさす。

Memories

亡くなった方を偲んで

思い出、感謝の花言葉の花たちと亡くなった方を偲ぶ
アレンジです。華やかさも忘れずに添えて。

花言葉

◆グラジオラス　3〜10月
全般の花言葉は思い出、忘却。英語では人格的強さ、
誠実。白の花言葉は密会。

◆ポピー　1〜3月
全般の花言葉は思いやり、いたわり。白は眠り。

◆カンパニュラ　3〜6月
カンパニュラの花言葉は感謝、誠実。

◆レースフラワー　通年
花言葉は感謝、可憐な心、細やかな愛情。

◆ユーカリ　通年
花言葉は再生、思い出、追憶、慰め。

想う心を伝える

グラジオラスでは、早咲のトリスティス
の白の上品な姿が女性に人気です。白の
花言葉は「密会」。おやっと思われたで
しょうが、亡くなられた方を想い、花を
通して密かに会う。そんな思いで選びま
した。色も白、紫、シルバーグリーンで
上品にまとめました。

◆キンセンカ　10～5月
別れの悲しみ、悲嘆といった、オレンジの明るい
色からは想像できない花言葉だ。

◆セルリア　12～4月
ほんのりとしたピンク色からきている花言葉はほ
のかな思慕。恋心にも通じろ、可憐な心、優れた
知識という花言葉ももつ。

◆ヘリクリサム　3～9月
ドライになってもあまり変わらないことから、永
遠の思い出、黄金の輝きという花言葉が。

想う心を伝える

エーデルワイスのお話を。白の可憐な
花で、花言葉は「大切な思い出」。天
使に叶わぬ恋をしてしまった登山家に、
天使はエーデルワイスの花を残し天に
帰りました。愛する人をそっと偲ぶの
に、心慰められる花ですね。

How to arrange

1

2

1　花器にレジンの花留を入れる。水だ
けより立体的になり華やかさがプラ
スされる。ヘリクリサムをラインを
意識して花器の端にさす。

2　キンセンカをヘリクリサムの上に置
くようにさす。後ろの部分にセルリ
アをさす。キンセンカの花越しに見
えるような位置に。

偲ぶ

セルリア

キンセンカ

ヘリクリサム

Memories

まだ悲しみが
癒えない…

別れの悲しみがまだ癒えていない、
そんなときに飾りたいアレンジに。
花言葉も思慕、永遠の思い出…。

Memories

亡き父や
お世話になったあの方に

強い愛で包んでくれた父、
尊敬する父、決断が早く行動力のあった父…。
そんな父への想いを3本の白いバラや
ユーカリなどの花に託して贈ります。

花言葉

◆バラ 通年
バラ全般の花言葉は愛、美。
白いバラは深い尊敬。

◆カスミソウ 通年
カスミソウの英語の花言葉に
永遠の愛がある。

◆秋色紫陽花 9〜11月
紫陽花の花言葉は移り気など
よくないが、辛抱強い愛情と
いうよい意味の花言葉も。

◆ユーカリ 通年
再生するユーカリの強さから
再生、思い出、追憶という花
言葉が。

ハラン　ベアグラス
雲竜柳
ユーカリ
バラ
カスミソウ
秋色紫陽花

◆雲竜柳 通年
花言葉は素早い対応。決断が
早かった父をイメージ。

◆ハラン 通年
強い心、強い意志。

◆ベアグラス 通年
花言葉は物静か。

こんな花でも

バラの代わりに、あまり
大きくない白のダリアや
白のトルコキキョウ。ダ
リアの花言葉は感謝、愛
情、トルコキキョウは感
謝、思いやり、永遠の愛。

How to arrange | グリーンの濃淡と
白が中心のアレンジ

 1

 2

 3

 4

1 秋色紫陽花の茎が短い場合は
　保水してから、茎にワイヤー
　を巻き、さらに白のテープを
　巻いておく。
2 ハランを下に敷き、ベアグラ
　ス、雲竜柳を重ねていく。
3 ユーカリを重ね、その上に白
　色のバラ3本を位置をずらし
　て置く。
4 バラの下方にカスミソウを、
　そのさらに下に秋色紫陽花を
　置く。最後に長さや幅などの
　全体のバランスを調整する。

arrangement
Point

ブーケのアレンジの仕方に
は「手に持つ」と「置いて
重ねる」やり方があります
（p20参照）。葉物が多い
このブーケでは、置いてア
レンジする方法をおすすめ。

想う心を伝える

このアレンジでは贈る方が
贈られる方を偲ぶという想
定で、「愛」「尊敬」「思い出」
を表現する花言葉をもつ花
やグリーンを中心に選びま
した。特に「愛情」は双方
の想いを表しています。元
気なときには言葉にできな
かった想いを花に代弁して
もらう。決まりきったお供
え花よりも、贈る人の想い
が伝わることでしょう。

○○さんへ

話をもっと聞かせてもらう
機会をもてなかったことが、
とても悔やまれます。

偲ぶ

スプレーバラ

Sorry

奥さんにゴメン！

つい忘れてしまった結婚記念日。
約束した食事デートもキャンセル…。
それでも笑顔の奥さんに15本のバラを贈ります。

花言葉

赤いバラの花言葉はあなたを愛しています。15本のバラの花言葉はごめんなさい。

How to arrange

1

水を含んだティッシュで巻くのを忘れずに。

2

3

想う心を伝える

バラは愛の伝達者の花として使われますが、実は本数によってはネガティブな意味をもちます。15本は「ごめんなさい」、16本は「不安な愛」、17本は「絶望的な愛」。このアレンジでは赤色で「愛してます」と伝え、15本で「ゴメン」を表現。カップのプレゼントも添えました。

1 バラの花首をワイヤリング（ピアスメソッドp17参照）。水を含ませたティッシュで巻いてからテーピング。
2 テーピングができた15本のバラを束ねてテーピングする。
3 ステムにリボンを結んでブーケ（コサージュ）にし、ボックスの蓋に固定する。

◆ヒヤシンス　12〜4月
紫のヒヤシンスの花言葉は悲し
み、悲哀ですが、英語ではごめ
んなさい、許してください。

◆ミスカンサス　通年
花言葉は変わらぬ想い。

How to arrange

1

花の空間をとり
つぶさないようにして
束ねる。

想う心を伝える

「あなたに不愉快な思いをさせて
しまい、とても悲しんでいます。
ごめんなさい、許してください。
あなたへの私の想いは変わりませ
ん」そんな想いを紫のヒヤシンス
とミスカンサスで表現しました。

仲直りをしたいときはスズランも
いいですね。フランスでも花言葉
は「仲直りしましょう」です。

2

3

1 ヒヤシンスを束ね、茎が太いので、
　上と下でしっかりと縛る。
2 ミスカンサスで周りをカバーする。
3 ミスカンサスで三つ編みの紐をつく
　っておく。ブーケの上下2か所を麻
　ひもで縛ったら、上だけ三つ編みの
　紐で縛る。ミスカンサスの動きはあ
　る程度自然にまかせて。

Sorry

許してください

失礼をしてしまった友人に
ヒヤシンスがお詫びを伝えます。

お詫び

ヒヤシンス

ミスカンサス

返しそびれて、ごめんなさい

長く借りていた本を返すとき
お詫びとお礼をかねて、猫好きの友人に贈ります。
寄せ植えと切り花のコラボで、
長く楽しんでもらえるアレンジにしました。

花言葉

◆ビオラ　10〜3月
パンジーより小さなビオラの花言葉は誠実、信頼。

◆ラベンダー　5〜7月
期待、英語では献身的愛。疑惑、沈黙といったネガティブな花言葉も。ただ、疑惑はラベンダーの香りの強さから、沈黙は精神安定効果があることからに由来している。

◆アイビー　通年
友情、信頼、誠実。男女の愛にも友情にも通じる花言葉。

◆エノコログサ　夏
猫じゃらしの別名がある。花言葉も遊び、愛嬌。

◆ゼラニウム　通年
ゼラニウムの葉のみを使用。花言葉は真の友情、信頼。

ラベンダー
エノコログサ
ビオラ
ゼラニウム
アイビー

こんな花でも

感謝と後悔の花言葉をもつ紫のカンパニュラをビオラの代わりに。その姿から風鈴草と呼ばれる。花言葉が誠実の紫のキキョウでもOK。エノコログサの代わりにはサンダーソニアやススキ。前者の花言葉は望郷、祈り、愛嬌、後者は心が通じる。

How to arrange　庭のイメージでナチュラルに

　1

　2

　3

　4

1 ビオラを鉢から出し、土を落として水苔で巻き、さらにシサル麻で包む。

2 水とシサル麻を入れたコップにエノコログサをさし、コップごと花器の右側に配置。ビオラを左側に。

3 2のコップにラベンダー、ゼラニウムの葉をさす。エノコログサに動きをつけ、自然な庭の姿を演出。

4 アイビーをさす。手前に長く出してアレンジし、全体のポイントに。

arrangement Point

アイビー、ラベンダーなど根のないものは水を入れたコップにさしましょう。また、シサル麻を入れることで、植物が長持ちします。

想う心を伝える

このアレンジの特徴は、寄せ植えと切り花のコラボです。ビオラの開花期間は長く、切り花が枯れてしまったら別の花やグリーンとのコラボが楽しめます。楽しめるだけでなく、このアレンジには、お詫びとともにこれからも「長いおつき合いをお願いします」という、贈り手のメッセージが込められています。

友人の猫好きから、ユニークな植木鉢を選びましたが、花器を選ぶとき、花やアレンジとの相性だけでなく、贈る相手の趣向や好みを考慮すると、楽しい贈りものになります。

お詫び

Hanakotoba Artをもっと楽しむ！

テーマにそった花言葉を選んで花を決め、その花で素敵なアレンジを
する。これがHanakotoba Artです。本書では生花が中心でしたが、
生花だけに限らずプリザーブドフラワーやテラリウムなど様々なスタ
イルで楽しめるので、「Art」とつけました。

「輝かしい美しさ」「誇り」「おしゃべり」が花言
葉のアマリリス、モミノキは「高尚」「永遠」、シ
ロタエギクは「あなたを支えます」。花言葉で選
んだクリスマスのアレンジ。

01 生花で「癒す力」も贈る

　最近は通年手に入る花の種類がグーンと増え、
アレンジメントの楽しさ・充実度もアップしまし
た。ひとつのアレンジメントに多くの花が使える
ようになり、ストーリーがつくりやすくなり、花
に込めたメッセージを読み解く楽しさがそれだけ
プラスされます。記念日や四季のイベントに、生
花のもつ癒しの力とともに、花言葉メッセージを
活用してください。

02 テラリウムで物語を贈る

　ガラスケースの中に植物を寄せ植えして小宇宙
を楽しむ「テラリウム」。テラリウムでよく使わ
れるエアプランツや多肉植物にも花言葉はありま
す。テーマにそった花言葉のある多肉植物やエア
プランツを選んで、ガラスケースの中に小さな物
語の世界をつくりましょう。楽しいHanakoba
Artです。プレゼントにももちろん喜ばれること
でしょう。

「大らかな心・愛」が花言葉のツキトジ、「こよな
き魅力」のリトープス、「信頼」の苔を使って夫
婦の語らいをイメージしてアレンジ。

03 「氷の花」（フルードゥグラス）で 想いをストレートに贈る

　愛の告白には赤いバラを一輪、門出を祝うなら
スイートピーをというように、想いをストレート
に伝えるのに最適なのがフルードゥグラス。ハー
バリウムの一種で、生花とプリザーブドフラワー
のどちらでもOK。生花なら2週間はそのままの
色を保て、その後は茶と濃い茶に変色しますが、
これもなかなか趣があります。何種類かの花でつ
くっても素敵ですし、グッズをプラスすることも
できるので、サプライズ効果も満点です。

1・2「高貴」「高尚」が花言葉の菊、「高潔」「あ
なたを愛す」のスプレーマム。
3「幸福」「感謝」のカスミソウに天然石をプラス。
グッズが入るスペースが上部に。

4「LOVE」の文字に
愛が花言葉の花を入れ
ても。

「夢叶う」が花言葉の青いバラをプリザーブドフ
ラワーで。ブルーの濃淡ができるのでおしゃれな
アレンジになる。

04 プリザーブドフラワーで 「長く愛して」を贈る

　プリザーブドフラワーをつくる専用液や技術が
格段によくなり、生花と見紛うことも。また、想
像上の花色を出すこともできますから、アレンジ
の幅が広がります。季節を飛び越えたアレンジも
可能ですから、花言葉アレンジメントの楽しさも
広がります。

「Hanakotoba Art」のHPに遊びにいらしてください

「花言葉を使ったアレンジメントを楽しもう！」という主旨で、「Hanakotoba Art」のHPが
2021年8月にスタートします。テラリウムやフルードゥグラス、プリザーブドフラワーの
作品も紹介します。生花の注文もできますので、ぜひ遊びにいらしてください。
https://www.hanakotoba.art

監修者

長井睦美
Mutsumi Nagai

一般社団法人ユニバーサルデザイナーズ協会 代表理事
一般社団法人アジア花の文化協会 理事
厚生労働省国家検定1級フラワー装飾技能士
草月流 師範
大阪府職業訓練指導員
公益社団法人日本フラワーデザイナー協会講師
NHK文化センター、朝日テレビカルチャースクール 講師
https://www.u-ds.jp

制作アシスタント デザイナー

入江清子
Kiyoko Irie

一般社団法人ユニバーサルデザ
イナーズ協会 理事 大和未生
流師範 JPFAディプロマ取得
DFA(ダッチフラワーアレンジ
メント)ディプロマ取得
「flores-Studio Rosy」(フローレ
ス スタジオ ロージー) 主宰(高
槻市)
http://k-rosy.la.coocan.jp/

廣澤洋子
Yoko Hirosawa

一般社団法人ユニバーサルデザ
イナーズ協会 理事 厚生労働
省国家検定1級フラワー装飾技
能士 「Very Smile」(ベリース
マイル) 主宰(千葉市) 池袋コ
ミニティカレッジ、NHK文化
センター柏教室講師 千葉県職
業訓練指導員
https://very-smile.com

貝藤和美
kazumi kaitou

一般社団法人ユニバーサルデザ
イナーズ協会 理事 池坊正教
授1級総華綱
「flower Veil」(フラワーヴェー
ル) 主宰(姫路市)
NHK文化センター神戸、ヨー
クカルチャー加古川等講師
https://flower-veil.com

小森規子
Noriko Komori

一般社団法人ユニバーサルデザ
イナーズ協会 講師 認定講師
池坊師範助教華科免許 池坊華
道教員免許 Puriza Rosy Komo
主宰(茨木市)
https://noko2963.amebaownd.
com

木之下純子
Jyunko Kinoshita

草月流 常任総務師範 国家検
定1級フラワー装飾技能士
プランツアートスタジオ夢gen
主宰(河内長野市) 大阪府フラ
ワー装飾職業訓練指導員

花材・資材協力

アルスコーポレーション株式会社
https://www.ars-edge.co.jp

越前浜植物園 ECHI FARM
https://www.facebook.com/
shojiro.ishikawa.9

㈱Japan Flower Trading
https://www.himehana.jp

植物屋Dohraku
https://www.instagram.com/
shokubutuya_dohraku

星野株式会社
https://hoshino-co.com

株式会社UPPER RILY MARKET
https://www.upper-rily.com

おわりに

花言葉によるアレンジメントを始めてから、私の周りに今まで手にしたことのない花が随分とあることに気がつきました。花言葉があるのは花だけではありません。葉物や多肉植物、苔にもあります。庭にある木や雑草にも目がいくようになり、花言葉を調べるくせがつき、その言葉に思わず笑ってしまうことも。それはとても楽しい習慣になりました。

一緒にアレンジメントの仕事をしているデザイナーたちも、アレンジをしているとき、誰かを想っている様子が伝わってきます。私自身も受験をする息子のことを想い、発表までの食卓に、「願いが叶う」という花言葉の青いバラのアレンジを飾りました。

それぞれの国により花言葉も多少は異なりますが、花言葉を共通語として、花をそして想いを贈ることができるでしょう。花のもつ力は素晴らしく、明るい気持ちにしてくれますが、花言葉による想う心を加えて、さらに花に力を与えてください。花を贈られた方はその力を受け取り、笑顔になり、きっと喜んでくれることでしょう。

長井睦美

Staff

構成・編集

森下 圭　Kei Morishita

撮影

大亀京助　Kyosuke Ohgame
（フロイネッツ）

デザイン&DTP

熊谷昭典　Akinori Kumagai
佐藤ひろみ　Hiromi Sato

花言葉で編む　フラワーアレンジメント
気持ちを伝える花々を贈る　50のアイデア

2021年4月20日　第1版・第1刷発行

監修者　　長井睦美（ながい むつみ）
発行者　　株式会社メイツユニバーサルコンテンツ
　　　　　代表者　三渡 治
　　　　　〒102-0093 東京都千代田区平河町一丁目 1-8
印　刷　　三松堂株式会社

◎『メイツ出版』は当社の商標です。

ご意見・ご感想はホームページから承っております。
ウェブサイト　https://www.mates-publishing.co.jp/

編集長:折居かおる　副編集長:堀明研斗　企画担当:清岡香奈